雷军的谜 小米的那套办法

闫 岩◎著

中国财富出版社

图书在版编目(CIP)数据

雷军的谜：小米的那套办法 / 闫岩著.—北京：中国财富出版社,2016.1
ISBN 978-7-5047-5898-9

Ⅰ.①雷… Ⅱ.①闫… Ⅲ.①移动通信—电子工业—工业企业管理—
经验—中国 Ⅳ.①F426.63

中国版本图书馆CIP数据核字(2015)第238512号

策划编辑	张彩霞	责任编辑	张　静		
责任印制	方朋远	责任校对	饶莉莉	责任发行	邢小波

出版发行	中国财富出版社	
社　　址	北京市丰台区南四环西路188号5区20楼　邮政编码　100070	
电　　话	010-52227568(发行部)　　　　010-52227588转307(总编室)	
	010-68589540(读者服务部)　　010-52227588转305(质检部)	
网　　址	http://www.cfpress.com.cn	
经　　销	新华书店	
印　　刷	北京柯蓝博泰印务有限公司	
书　　号	ISBN 978-7-5047-5898-9/F·2479	
开　　本	640mm×960mm　1/16	版　次　2016年1月第1版
印　　张	17	印　次　2016年1月第1次印刷
字　　数	213千字	定　价　39.80元

前　言

在充满草莽气息的互联网江湖,他是行走在最前列的引领者;

当中国互联网进入野蛮生长时期,他是电子商务行业最早的一批开拓者;

在混沌不清的天使投资领域,他又是一个个投资神话的缔造者;

当移动互联网的浪潮袭来,他冲破年龄的桎梏,带着小米手机再一次加入了战局……

他,就是雷军。

一次次尝试、一次次站起来的雷军,身上不仅凝聚着他个人的梦想与痛苦,更承载着这个时代所有有梦想的人的痛苦,他走着与他有着相同境遇与经历的一代人的路。只不过,随着岁月的浸润,他把对人生之梦的追求锤炼得更加圆润,把对追求的表达方式与倾诉方式锤炼得更含蓄沉稳了一些而已。

小米的确是中国所有企业都应该学习的一个商业样本,而雷军的互联网思维——专注、极致、口碑、快,更是所有企业家都应该学习和借鉴的经营思想。

虽然雷军很早就声名远播,但他真正成名是在40岁之后,以一个颠覆者的身份创办了小米。更令人们动容的是,他带着浓浓的追梦味道,以及内心的理想主义和英雄情结,颠覆了整个世界,只为看到梦想最初的样子。

雷军在金山像劳模一样工作了16年,对互联网行业有着深刻的理解和洞见;他最早预言手机会取代电脑,成为移动互联网时代大众常用的终端;他预见了移动互联网将会浪潮般袭来,并借鉴苹果

"软硬结合"的思维,采用先软件和后硬件的商业模式。

于是,雷军开始用互联网商业逻辑重塑自己的创业之路,"只要找准风口,猪都能飞上天"。他非常幸运,他认准的移动互联网风口帮助小米手机一骑绝尘,席卷了数百万的狂热粉丝。

除此之外,雷军还重视发挥互联网的力量,在体验至上的时代,凝聚了网友智慧,给予用户最好的参与感;参考亚马逊模式,把小米做成电商公司,搭建起一个内容丰富的平台体系,在官网上既卖手机、电视,也卖T恤、手机配件……由此,小米为自己营造了一个很好的内部生态,这也是小米商业逻辑的起点。

另外,雷军不仅在小米内部以一个企业家的战略远见经营小米,而且还在小米周围布局了一个外生态系统,以强有力的支持助力小米形成了一个内外融通的强大平台体系。

事实证明,在英勇的跳跃之后,再加上颠覆与创新的思维、精密的战略布局,以及将想法付诸实践的行动力,雷军注定是在移动互联网战争中高瞻远瞩、运筹帷幄的胜利者。而最后的结局也堪称绝妙:他创造了小米的奇迹,小米成就了他的辉煌——小米手机创新的产品和模式,引领了国产手机行业,他的经营模式与运作理念,他的关于移动互联网的敏锐的判断力,他的洞察力,对行业未来发展的精准把握与远见卓识,让他走在一个行业的前端,并成为领跑者!

雷军的心路,何尝不是这个时代梦想者的心路?

雷军的脚步,何尝不是这个时代梦想者的脚步?

正在战局中的雷军,是下一个乔布斯式英雄,还是一个独一无二的雷军?

关于结局的一切,都令人充满期待!

本书通过雷军的经历和成功案例,总结其成功的经验,让更多的梦想者受益。在互联网充满未知的变局中,让人们在感受到惊心动魄的同时,也看到理想绽放光芒的奇幻色彩!

目录

CONTENTS

第一章

敢于冒险，干别人没干过的事情

....

1.90%的创业者都会输一场

身为创业者和投资人，小米科技创始人雷军对创业有着自己的独到见解。他表示，绝大部分创业者，甚至百分之八九十的人都会输一场，而只有第二次创业时才会找到感觉。

雷军指出，所谓的创业，其实就是干别人没干过的事情，把别人干过但没成功的事情干成。

1987年，雷军考上了武汉大学计算机系。读完大学二年级，他已经不满足于校园生活，准备闯荡江湖。两年混下来，武汉电子一条街上各家电脑公司的老板都成了他的熟人，他们遇到任何技术难题，都愿意找雷军帮忙。这样，雷军成了武汉电子一条街的"名人"。

在电子一条街打拼一段时间后，雷军自我感觉良好，就开始做梦:梦想写一套软件运行在全世界每台电脑上,梦想办一家全世界最牛的软件公司。于是,故事就这样开始了。

1990年7月,王全国的同事和他的一个朋友打算开家公司,拉雷军和王全国入伙。他们两人负责市场销售,雷军和王全国负责技术和服务,股份4个人平分。公司取名为三色(Sunsir),寓意是红黄蓝三原色创造七彩的新世界。他们4个人都没有什么钱,也没有找人投资,最后还是雷军帮公司拉了第一张单子赚了几千元,项目才开始启动了。

当时公司什么赚钱就做什么,没什么套路。每天忙得热火朝天,白天跑市场销售,晚上回来做开发。雷军和王全国对自己的技术相当自信,另外两个人对自己的销售能力也非常自信,好像"天作之合",其实不然。

开公司谁投钱,开张后做什么,靠什么赚钱等实际问题,他们不仅没有认真讨论过,甚至没有认真思考过。既没有对市场和用户需求认真地调查,也没有建立一个真正优势互补的团队,更没有后续资金的保障。更要命的是他们中间没有人有创业经验,创业模式也没有被小规模验证。与很多创业的热血青年一样,他们凭的是"初生牛犊不怕虎"的无知无畏,所有的一切都是基于自己的想象。

刚开始的时候,他们的团队看起来也很强大,最多的时候有14个人,业务范畴也挺宽的,卖过电脑,做过仿制汉卡,甚至接过打字印刷的活。实际上,账上基本没什么钱,连吃饭都是个问题。没过多久,他们仿制汉卡的技术就被人盗用了,对手一次做的量很大,卖的价钱也便宜,雷军他们的这个产品只好歇菜。

"买卖好做,伙计难当",只要是合作,就会有争斗。所以,创业者面对的最大威胁有时不是来自团队外部,而是团队内部。

当时,这个团队最烦心的一件事,就是有4个股份相同的股东,谁做董事长,谁说了算,这些问题根本不清楚。短短几个月时间,董事长改选了两次。对于一个创业公司来说,内耗可以直接抽掉其精神。

高涨的创业热情被残酷的现实一天一天消磨,雷军开始思考一个问题:作为一个大四的学生,自己是否具备创业所需要的能力?琢磨了好几个晚上,雷军提出了散伙。大家同意了雷军和王全国退出,他们分了一台286电脑、一台打印机和一堆芯片,就离开了。

雷军的大学创业过程就这样惨淡收场了。这种过家家似的创业,从一开始就决定了其结果。

失败并不可怕,不能从失败中吸取教训,才真的可怕。后来的事实证明,雷军这次不算成功的创业并没有被浪费掉。这次所谓"梦魇"般的创业让雷军学到了不少东西。

首先,他更进一步认清了自己当时的能力,这也是他如今经常提醒年轻一辈谨慎创业的原因。

多年以后,被视为成功者的雷军在多次接受采访的场合,都明确表示不支持大学生创业。雷军做天使投资非常成功,谈到对什么样的公司投资的时候,雷军兼论及大学生创业的问题,他不提倡不鼓励大学生创业。

他分析说:"我们得考虑中国的国情,我们跟美国的国情真的差别很大,我们大学的教育包括高中的教育,其实素质和能力教育相对偏弱,这样出来创业的话,成功率是非常之低的,而且可能我们鼓励学生创业还耽误了他应该有的学业,有点得不偿失。过去十年,很多大学都鼓励大学生创业。从结果来看,应该几乎是全军覆没,所以我今天的观点和十年前的观点一样,对大学生创业不要鼓励,也不要提倡，我觉得没有什么好处。大学生还得提高自身的技能，甚至刚毕业都最好不要创业，要么找个创业公司，要么找个大公司，先提高技能，有相应的商业网络，一切都准备好了再创业。现在我投资的这些创业者，平均年龄应该都在三十三四岁，他们已经非常有经验了，这样的创业者成功率要高很多很多。如果刚大学毕业就开始创业的话，其实挺不容易的。"

这是雷军对当年创业失败的深刻反思，在一个年轻人扬帆出海之际，遭遇狂风巨浪，会打击他的自信心，而筹备成熟以后再出手，经过岁月沉淀之后的从容淡定，会让创业者更加游刃有余。这也是雷军用青春岁月的伤痛总结出来的人生经验。

雷军认为："其实失败对每一个人都是很强的创伤。我们总是爱讲谁谁谁失败了，怎么怎么样。其实这对人也是一种伤害。我要告诉大家，绝大部分的创业者，百分之八九十都会输，他们一定会输一场，只有第二场才可能找到感觉。因为在第一场他会觉得，我有足够的资源，我是战神。结果死得一塌糊涂才找到自我，很少有人一上来就抓住机会成功。"

2.自信是成功的第一秘诀

美国著名作家、诗人爱默生曾经说过："自信是成功的第一秘诀。"的确，自信是一个人走向成功必不可少的因素之一。无论是创业还是做其他什么，都不能缺少自信。

大学创业失败后，雷军并没有因此而颓废，他说："我觉得，人就是在挫折和失败中成长的。正因为这次失败，我对自己的能力有了清醒的认识，也为未来的发展做好了脚踏实地、一步一步干的心理准备。"雷军依然相信自己是一名优秀的程序员，所以毕业后他决定去中关村寻找一个新的开始。

大学毕业后，雷军来到了北京，很快，这位中关村劳模便以孺子牛的精神和骁勇善战的劲头扬名于IT界。后来求伯君拉雷军一起办了金山软件。雷军是1992年1月4日加入金山的，那个时候雷军22岁，雷军加入金山的时候，金山只有5个人，雷军是第6个。1998年8月12日，金山重组，联想集团入股金山，成为金山的大股东，雷军出任金山的总经理，成为一个专职的管理人员，那时公司总人数不到80人。

慢慢地，他开始带领"金山"项目团队，成为决策者。这一转变对雷军来说有点困难，毕竟作为一个管理者没那么容易，但是雷军还是有信心能够带领好整个"金山"团队。开发"盘古组件"失败以后，"金山"元气大伤，但是雷军在短暂的调整后重拾信心，毅然决然地将"金山"的开发重头戏转向了网游。

当时有人问雷军，在中国做一款好游戏，究竟需要什么样的技能？

雷军的回答是能写10000行代码就行。雷军对此非常有自信，再加上不少网游巨头公司的老总也是半路出家，说到写代码大多还不是雷军的对手。最终，在雷军的带领下，"金山"成功上市。雷军兑现了承诺，实现了自己的价值。

转身做天使投资人后，雷军从不怀疑自己的投资眼光，他投资的20家公司，80%拿到了风险投资，总融资额超过10亿美元，而3

家公司的估值也超过了10亿美元。谈到自己投资的策略时，雷军表示，自己投资是出于爱好，自己对每笔投资都很满意。

在谈到从创业者、投资者以及企业高管的角色转换时，雷军解释称，自己先在"金山"做了16年，随后又做了3年多的专业投资，后来做"小米"，自己是用二十多年的时间做好这三个角色。

每一个创业者都应该明白，自信是建立在正确认识自己的基础上的。每个人都有自己的优势和长处，每个人通过努力都能实现自己的价值，收获自己的成功，这是我们每个人都应有的坚定信心。只有真正相信自己具有价值，才能充分发挥出自己的价值。如果你认为自己毫无价值或者利用价值很低，那么你将发挥不出自己的才能。自信同样来源于你对行业的分析，分析得透彻自然成功的把握就大。

雷军认为，自信不是说空话、说大话，不是好高骛远，而是既有远大目标，又有脚踏实地的精神，一步一个脚印地为实现目标而艰苦努力、付诸行动。

在研发小米手机之前，雷军认为，通过互联网做一款智能手机是一定能成功的。尽管许多人对于一个做"软件"的人要去拼"硬件"表示不解，但是雷军始终坚信"小米"可以创造一个不一样的奇迹。雷军说："创业者只有相信自己，才能说服团队，说服投资者和合作伙伴。"当然，自信不是盲目自大，不是自负，不是固执，不是骄傲自满，而是建立在实事求是的基础上的，是对自己的能力有一个客观正确的认识和评价。雷军在创办"小米"的时候，就对将来所有要面对的问题作了全面考虑，他有信心做好。

"自信是成功的最大资本"，这话一点不假。那些像雷军一样成功的创业者、企业家，都是充满自信、积极进取的人。我们只有相信自己的能力，勇往直前，才可成长，才可成功。

潘石屹在自传中这样写："经常有人问我第一桶金怎么来的，从哪里得到的，有多少。其实每次有人问我这个问题时，我都想说，人的第一桶金是自信。即使你没钱也不要怕，自信就是你的资本。也有人在自信前面加了一个不好的修饰语，叫盲目自信，我不太爱听。我说过很多次自我的害处，但我认为与自我有点关系的不多的好东西之一，就是自信。自信当然有自我意识，还有信，相信的信。相信，是正面的、健康的。要相信自己。一个相信自己的人才会相信他人，相信未来。"

作为一名创业者，在激烈的竞争中面对的困难可想而知，而自信则是成功的最大资本。如果你没有自信，那么你的创业十有八九是不会成功的，因为你的创业底气不足，失去了成功的最大资本。如果你能够充满自信地前进，面对困难不动摇，面对挫折不灰心，那么就能保持奋发向上的劲头，积极进取。

3.小米成功背后的"进取之心"

雷军曾说过，台风来的时候，猪都能飞。小米的确站在了移动互联网的台风口。但今天的成绩，雷军认为，除了大势，还有一点至关重要，那就是"进取之心"。

进取之心，就是不满足于现状，有旺盛的求知欲和强烈的好奇心，勇于挑战更高的目标，坚持不懈并为之付出超乎寻常的努力。

小米的几个创始人，创办小米之前，就已在各个领域中小有成就，平均40岁，但是大家还是愿意聚在一起，放弃一些已有的东西，冒很大风险，挑战自己，做一些前人从未做到过的事。比如负责手机团队的周光平博士，在摩托罗拉干了15年，海归，早已财务自由，50多岁了，还和年轻人一样风风火火，深夜里还在办公室里开会，在小米社区回复用户的问题和建议。如果看到这些，你就能感受到做小米需要的勇气和决心。

创办小米，雷军和他的伙伴们选择了"铁人三项"的道路，就是"硬件+软件+互联网"。这条路前途光明，但道路艰险。手机行业是红海血海，做好硬件已经很不容易，还要做好软件和互联网，对一个创业公司来说，困难巨大。通往理想之路，雄关漫道真如铁。有风口、有机会、有困难、有挫折，如果没有进取之心和坚持的毅力，实在无法走下去。

只有经历过，才能真正懂得。第一代小米手机发布前，雷军和他的伙伴们已经在高强度下努力奔跑了一年多时间，创立了MIUI论坛，每周更新的互联网开发模式，赢得了50万核心发烧友用户；从零开始死磕下了全球数百家顶级元器件供应商；小米手机发布后曾经遭遇泰国洪水而面临供货困境，也是通过咬牙急起直追才尽快实现了产能的快速爬坡。产能爬坡和经验积累对任何一家厂商而言都是必经之途，从来都没有捷径。

小米拿出了最大的诚意，投入了巨量的资金，工程师们付出了巨大的努力，才逐步跨越一道道产能关口，走到了国内出货量第一的阵列。

进取，当然还需要付出超乎寻常的努力。

　　当业内同行都在以6个月为周期推出新品时，小米的每款产品生命周期都在18个月，这在当下，极为罕见，因为小米做手机付出了超乎寻常的努力。

　　比如红米这样一款千元机，小米团队先后做了两个不同的方案。第一个方案的体验不满意，直接放弃，这代表着4000多万元的先期研发就浪费了。这不是个小数目，但只有这样才能做出让人尖叫的产品。在发布前又把999元的定价直接定到799元，才造就了红米在千元机市场王者的地位。

　　其实，如今小米的产品，都会准备同时启动好几个方案，在最终推出时选择最优的一个。反复锤炼胜出的产品才能在4年里大踏步前进，工艺、设计才能稳步提升，小米单品长周期的爆款路线才得以实现。不仅仅是硬件，小米的Android深度定制系统MIUI也是与用户一起，不断锤炼至今，每周更新已将近200周。从每天更新的内部测试版到每周更新的开发版再到面向6300万用户的稳定版，MIUI每一项更新都会经过多层灰度测试，反复琢磨才会与用户见面，并且在此之后也是不断演进。

　　雷军认为，只有超乎寻常的努力，才能做出真正的好产品，才能成就小米。一家中国公司，坐拥全球最大的消费市场，在本土作战的优势下，取得了业内侧目的成绩，大概可以很满足了。但雷军并没有把自己只定位在中国市场，因为他向往的征途还在更广阔的天地。他认为，以后的战场将在全球。未来将向全世界展示来自中国的科技创新力量。

　　雷军说："进取之心是一种时代精神和民族面貌。中国已经是世界第二大经济体，中国的品牌也应当面向全球，以规模赢得产业话语权，以品质赢得赞誉、信赖，以胸怀、境界赢得尊重。进取之心，推动社会不断发展进步！"

4.认准了就做,未知同样也意味着机遇

对于成功人士来说,未知同样也意味着机遇。人们在面对未知恐慌不已的时候,他们却从中发现了机遇到来的前兆。他们目标明确,从不把目前的情况看得糟糕透顶,一无是处,他们需要的只是沉着冷静,在目标的召唤下勇敢地去做,直面恐惧并勇于战胜它,所以,他们获得了成功。

2003年,为了给"金山"的网游项目做启动资金,"金山"将卓越网以7500万美元的价格卖给亚马逊。当时,许多人反对这种做法,可是雷军却依然做了决定,他认为国内网络游戏前景是"极其乐观"的,一定要抓住这个机会。

在那时,整个社会环境还没有给予网游事业更多的支持,中国的网游市场发展比较缓慢。雷军呼吁大众要给予网游产业更多的包容和支持。"如果刚开始,它还是个婴儿你就把他扼杀在摇篮里,这对将来的网络游戏业的影响会很大。"雷军说,"网络游戏才刚刚起步,前一段时间代理游戏已经制造了一个新的起点,但是我认为迟早会是原创游戏的天下。"他觉得网游是一个难得的商机,是国内游戏厂商的最佳发展出路。

这种寓言并不是空穴来风,雷军对网游的市场前景做了全面分析,他说:"我在参加863'网络游戏技术研究会'时,他们公布了一组数字:游戏对电信产业的影响是7.5倍,对IT产业是3.6倍,对出版的影响是2倍……这比我原来估算的10倍要超出很多。我认为网络游戏产业是一个隐性产业,5年之后对中国GDP的影响很可能超过

2%。"这种良好的市场发展前景对很多人来说都是一个潜在的机会，就看你能不能发现它的存在。发现创业商机的关键点是深入市场进行调研，了解市场供求状况、变化趋势，考察顾客需求是否得到满足，注意观察竞争对手的长处与不足等。

雷军发现了这个商机，并抓住了这个商机，推出了首个网游作品——剑侠情缘Online，这款游戏推出的第一年就获得超过1亿元的利润。能抓住机遇是一种能力，需要充分调动自己的知识、思维、能力、经验等，需要多看、多听、多想，广泛获取信息，充分了解市场，并及时从别人的知识、经验、想法中汲取有益的东西，从而提高发现机会的概率。

"金山"也因此顺利上市，雷军对这样的结果感到很欣慰，这条路走对了。

他这样说："最好还有100个像金山这样的公司，每家拿出1亿元来干，赚不赚钱不重要，关键要把这个市场做起来。"他对中国未来的网游市场更加有信心，他说："有几家门户网络开始赚钱了，这就证明游戏网络化的发展是对的，未来还会更好。"就这样，雷军发现并借助了互联网这个平台，抓住了商机，为"金山"打造了三大支柱——WPS(文字编辑系统)、毒霸、网络游戏。

似乎很多成功人士都是执拗的人，甚至是大家眼中的"怪人"：数十年如一日盯住一个点，百折不挠，不管别人是否看好，都完全影响不了他的行动，比如比尔·盖茨放弃令人羡慕的哈佛学位创立前景莫测的微软，比如李书福放出狂言"汽车就是俩沙发加四个轮子"，以"纯外行"身份杀入强手云集的汽车业……在他们的身上，都有着"认准了就去做"的信念。

2009年7月,李彦宏以创业导师的身份做客央视《青年创业中国强》活动。在现场,央视主持人希望他为中国所有的青年创业者写下一句寄语,分享百度成功创业的秘诀。李彦宏欣然提笔,写下12个字:"认准了,就去做,不跟风,不动摇。"

这12个字,来自于他从实践中得出的真知。

2001年的一个互联网会议上,曾被誉为中国"第一代织网人"的某网络公司总经理碰巧和李彦宏坐在一起,寒暄间,她问李彦宏:

"你们公司是做什么的?"

李彦宏回答:"我们在做互联网搜索引擎。"

对方道:"搜索引擎没什么前途吧,现在很多公司,像新浪、搜狐、慧聪,都在做搜索引擎啊。"

李彦宏笑了笑没有争辩,只是很礼貌地说:"我看好搜索引擎,我们能把搜索引擎做到最好。"

2002年春天,一位投资人兴冲冲地闯进李彦宏的办公室,兴奋地说:"我投钱给你们做无线增值业务吧,我们一定能大赚一笔。"

那时,无线增值业务非常火爆,在国内的大型互联网公司里,只有百度还没有涉足。但李彦宏冷静地拒绝了,他说:"搜索要做的事情还很多,我们应该专注于互联网搜索领域,我看好它未来的增长。"

事情传开后,很多人觉得李彦宏傻,不懂捞快钱。

然而几年后,当中国互联网用户迅猛地超过3亿时,百度已成为行业的领军企业,业务蒸蒸日上。而许多当年做无线的"大佬"却无声无息了。

现在回头看去,那位投资人不禁感慨:"如果当时百度跟风去做无线增值业务,肯定不会有今天的成就。"

其实，机会往往是被少数人抓住的。只有克服从众心理和传统的习惯思维模式，相信自己，有自己独立的见解，不人云亦云，不为别人的评头论足、闲言碎语所左右，才能发现和抓住被别人忽视或遗忘的机会。

5.险中有夷，危中有利

成功者为什么能白手打天下，就是因为有敢为天下先的超人胆识，创业其实最重要的就是勇气。有一句话叫："心有多大，舞台就有多大"，只有敢想才有敢干，只有敢干成功的概率才大。试都不试怎么能成功呢？成功者之所以成功，是因为他们敢于冒险去寻找机遇。

如果一个人认定一项事业，肯全心全意去做，即使不成功，也没有什么可遗憾的。如果说有遗憾，那就是一个人一生中没有真正去奋斗过。古人有一句话"富贵险中求"，无论是富还是贵，不冒险是不可能得到的。冒险与收获常常是结伴而行的，巨大的风险能带来巨大的收获。险中有夷，危中有利。要想有卓越的成果，就要敢冒风险。

风险可能在未来的某一天变成闪闪发光的金子，也可能让我们丧失所有。"人生能有几回搏"，或许很多人都曾用过这样的励志名言来鼓励他人，但如果真的要让自己去做，自己能保证有这份不计得失的修养，敢于冒险的勇气吗？

雷军是一个善于思考的投资者，他曾说过："我喜欢做那种有预见性的尝试，做'金山'CEO的时候是奔着一个目标去，现在做投资人了，突然发现可以实现好多梦想，也挺幸福的。"雷军对投资市场也没有十足的把握，但是只要有值得投资的因素，他便会冒一定的风险去做。他说："这就是我几年前的想法。那么，从现在开始，五年后什么企业会成功？未来五年会有什么样的历史性机遇？我们现在必须去想一想这些问题，才有机会。"

创业极少会让人快速致富，相反，它是一个不断更新的过程，因为成功的创业者从来都不会满足于商机本身。投资市场时刻都在发生变化，没有人能够完全预测出未来发生什么，如果等你将一切风险都规避掉再去投资创业，机会早就溜走了。这就要求创业者有甘愿冒险的精神，当然，所有的风险都必须是经过评估的，这样才能让你掌握更多的胜算。通常，创业者通过精心设计战略计划来合理安排他们的有限资源。的确，对于成功的企业家来说，敢于冒险的重要前提是明了胜算的大小。法国生命哲学家居友曾说过："卓越的人，便是在思想上或在行为上最能追求，最能冒险的人。"

不要以为有所成就的途径已被发现得差不多了，只要你善于寻找、善于利用各种机会，敢于尝试，成功便属于你。一些投资者因为高情商、高智商，做事往往想得特别通透，难免畏首畏尾。而这种行事风格，将会导致他们与机会擦肩而过。在现代社会，敢于冒险就是最大的成功，胆量是使人从优秀到卓越的最关键因素。

在接受某杂志访问时，记者问雷军："以您目前的经验，对于投资项目有多大把握就可以出手？"雷军笑笑回答说："风险投资真的是一群'疯子'的行为，你不可能对某一项投资有100%的把握，有80%的把握就可以做了，单个项目失败是一种必然，但是你追求的是整体的回报，因此你也需要进行风险对冲，投10个项目，成了一两个你就回本，之后就都是赚钱了。"

有风险，就有机遇，就有利益，就有财富与成功。如果没有风险，也就没有一切。

在离开"金山"后的半年里，雷军一直在思考未来市场的发展方向。很快，他发现移动互联网业是一个不错的投资领域。雷军认为，手机上网越来越受大家的欢迎，一定会成为这个时代的潮流，在不久的将来，移动互联网业务的规模会远远超过目前互联网业务的规模。

所以，当俞永福把UCWEB这个项目介绍给雷军时，雷军毫不犹豫地进行了投资。

那时UCWEB的资金严重短缺，UCWEB的两个联合创始人何小鹏和梁捷在网易创始人丁磊的资金支持下苦撑着整个公司，但移动运营商在无线业务领域的强势和SP(指移动互联网服务内容应用服务的直接提供者，负责根据用户的要求开发和提供适合手机用户使用的服务)空间狭小，让丁磊最终决定退出无线业务。UCWEB公司向很多投资商发出邀请，但由于移动互联网业务这个新兴领域的市场不够稳定，投资风险太大，让许多投资商望而却步。雷军毅然决定向出现危机的UCWEB投资200万元。很多人都搞不明白为什么雷军会做风险如此大的投资，但在雷军看来，这些问题都不会导致投资失败，只要有市场，方向对，这些问题都有解决方案。

有的人面对风险，总担心失败。为此，他们总会找出很多"合理化"的理由，以达到逃避风险的心理平衡，他们将注定一事无成。罗斯福说："在人的一生中，没有什么可值得害怕的，唯一值得害怕的，只是害怕本身。"在创业过程中，机遇与风险同在，大多数机遇是靠决心和勇气争取来的。当然，我们也不能盲目冒险，不要人云亦云，要学会观察和分析,科学预测事情发展的趋势,只有这样才能降低风险率,同时也会减少损失。

雷军的经历告诉我们,一个优秀的创业者,一定要有敢于冒险的勇气。前怕狼后怕虎,只能让你踌躇不前、左右徘徊,永远都不可能到达成功的彼岸。想在事业中取得大的成就,其前提是必须具有冒险精神,因为良机就蕴含在风险之中,雷军能够投资成功正是由于他做了别人不敢做的,在风险中抓住了机会。

有些人一生碌碌无为,就是因为他们没有勇气接受人生的挑战。生活中的不确定因素太多。可以说,我们所做的任何一件事情都存在风险。如果你不愿冒险,连尝试的机会都不给自己,那成功的机会当然不会属于你。其实在人生旅途中,困难、失败又算得了什么?最重要的是我们曾经不畏风险,放手尝试过、拼搏过、奋斗过,便没有遗憾了。

6.成功不分早晚,别着急开始

雷军对于现在的年轻人,尤其是刚从海外留学归来的年轻人有一个小小的建议——别着急创业。他在演讲中说:"你们的人生刚刚开始,或者还没有开始,不要着急开始,其实成功不分早晚,大家在国外念了很多年的书,未必了解中国市场,我觉得会吃很多苦头,会摔很多跟头。要想清楚,要接地气,了解中国的情况,这样你们的成功才可以把握。这个世界的机会很多,你要把握永远的机会,而不是失去让你叹息的机会。我的哲学是不懂不做。"

这是对今天的创业者的告诫。近年来，就业越来越困难，于是创业的人却越来越多。然而，创业之路"九死一生"，这些创业者们大多都折戟成沙，尤其是一些中小企业，这种现象更是频频发生。

创业是由人才、产品、资金所组成，自有资金不足，往往会导致创业者利息负担过重，无法成就事业。因此，创业者要量力而行，不要过度举债经营；生意应做大而不是大做，做大是有利润后再逐渐扩大，大做则是勉力举债而为，若只有空壳没有实际，遇到风险会让自己陷入无力回天的困境。

在雷军看来，不少人把创业看作白手起家、空手套白狼，这在今天的商业社会里是非常不现实的。雷军还认为，有的人为了养家糊口被迫去创业，有的人为了面子和虚荣盲目去创业，这样的创业注定会很坎坷！

作为杰出的创业者，国内著名的天使投资人，在创业领域见证并经历过无数的成功与失败后，雷军总结出创业必须遵守十条原则：

(1)能洞察用户需求，对市场极其敏感。

(2)志存高远并脚踏实地。

(3)最好是两三个优势互补的人一起创业。

(4)一定要有技术过硬并能带队伍的技术带头人。

(5)低成本情况下的快速扩张能力。

(6)有创业成功经验的人加分。

(7)做最肥的市场。

(8)选择最佳的时间点。

(9)专注、专注再专注。

(10)业务在小规模被验证。

这十条被称为创业者的葵花宝典。

创业需要勇气,但成功却不是只是靠勇气就能做到的。另一位企业家马云也有类似的经历。

在刚刚创立海博翻译社的前几个月,不赚钱反而亏钱。几个合伙人都逐渐开始失去信心,但作为海博翻译社的创始人,马云心中的信念根本就不曾动摇过。他深深地明白,现在翻译社才刚刚开始。马云曾把做企业比作养孩子,当它还很弱小的时候,你只能尽一个家长的责任,把它养起来,想办法让他好好存活下去。只要能保证这个"新生儿"健康的成长,将来他总会有赚钱的那一天。

为了让这个刚刚开始的翻译社继续生存下去,马云开始寻找新的利润增长点。就在那时的大热天里,他一个人背着个大麻袋出发,从杭州跑到义乌、广州,批发一些小工艺品、小礼品,再一个人气喘吁吁地背回杭州……一个堂堂的大学教师,就这样做起了"倒爷",来养活当时的海博翻译社。

就这样,日复一日,年复一年。马云的"倒爷"生涯持续了整整3年,才让这个原本早已是奄奄一息的翻译社奇迹般地起死回生。到1994年时,海博翻译社基本实现收支平衡;1995年,开始逐步实现赢利。

很多创业者,刚刚创办公司的时候,就抱着很"远大"的志向,要"成为全国第一",要"超过××企业",要和"××企业抢占市场份额"。梦里很美好,但是现实往往很残酷,有些创业者急功近利,公司还没完全站稳脚,就妄想着扩大规模,一夜暴富,最后往往不能达到预期的结果,反而栽了大跟头。

Webvan.com的创始人科佩·霍尔茨曼从自己在20世纪90年代末经营的杂货店迅速崛起,而后又迅速破产中学到了很多教训。霍尔茨曼说,他的合伙人说服他,他们可以迅速将规模扩大,可以将沃尔玛和联邦快递相结合,结果他们失败了,变得一无所有。

他表示:"同时进攻太多的市场是我们失败的根本原因。"吸取教训以后,他对他的新产业高档网上慈善拍卖网站所采取的策略是保持慢速稳步增长。他说:"现在我学会了,让我们的核心业务能够100%地满足客户是我们优先考虑的问题,这比征服整个市场更重要。"

的确,对于一个企业来说赚钱很重要,就如松下幸之助说的:"企业家的使命就是赚钱,如果不赚钱那就是犯罪。"英特尔公司的首席执行官格鲁夫也说过,一个企业家赚钱叫道德,企业家不赚钱就是缺德。相反,如果企业家不赚钱,肯定是会给社会、给家庭、给个人、给团队、给员工造成严重伤害的。

但是,企业就算是要赚钱也要分轻重缓急,在这个世界上,没有人能够一口吃个胖子,作为企业,也是一样。很少会有一个企业从创立到发展壮大,全部都是一帆风顺的。几乎每一个企业都要历经艰辛,都要先在生死线上挣扎几年。就像一位企业家说的:"做企业,首先要有吃苦20年的心理准备。"

丽丽大学毕业后,进入一家知名的化妆品公司工作,良好的工作环境,丰厚的薪金待遇,让同龄人羡慕不已。可每天朝九晚五的忙碌、千篇一律的工作,让性格活泼开朗的丽丽感到太枯燥。于是,当她在网上看到别人做小老板创业成功的故事时,不免蠢蠢欲动,也想自己创业。

经过几个月的考察,丽丽从原单位辞职,正式开始了创业之路。2009年年初,经一番筹备之后,丽丽的服装店开业了。

在接下来的半年时间里,丽丽对服装进出货的流程、陈列出样、色彩搭配、相关的售后服务都有了比较深入的了解,并对一些老顾客的身体特征以及特殊要求、特别喜好等基本信息进行了收集整理。同时,丽丽还对店里的员工进行了上岗培训,店铺的生意开始走向稳步发展,不少顾客还与丽丽成了好朋友。

良好的开端让丽丽非常兴奋,为了盘活库存也为了扩大销售,丽丽准备再开三家店铺。亲戚好友得知了她的情况之后,都劝丽丽不要急功近利,应该做好市场调查分析之后再做决定。

但丽丽没有听从建议,固执地又开了两家分店,并统一了店铺的形象和设备,准备大干一场。

前两个月,生意还不错,原先的库存流动了起来,也没有出现亏损的情况。然而,到了新品上柜的时候,丽丽才发现,由于店铺产品的定位和周边消费群的消费能力有一定的差距,加上三家店铺需要投入的资金较多,资金周转压力很大,而她也实在没有办法来分身管理,所以,两家分店的生意一直没有太大起色。

在苦苦支撑了6个月后,丽丽无奈地关闭了后来开的两家分店,转而一心一意地打理原来的服装店。

创业伊始,创业者都有冲劲、有干劲,但容易出现心高气傲、急功近利的心态,容易高估自己的能力,不等条件与机会成熟就急于发展,对可能遇到的困难又估计不足,所以容易导致创业受挫甚至失败。只有当你脚踏实地、一步一个脚印地把企业的基础打扎实了,那时候即便你不想着去赚钱,钱也会主动找上门来。

7.具备长远的眼光、开阔的战略

在通常情况下，我们都认为企业在创业之初，目标是比较狭窄和单一的，先稳定一个市场，然后再慢慢向外延伸。只有当企业具备一定的规模和实力后，才会开始走向全国，甚至走向世界。

但是这种思维模式，在如今这个互联网技术飞速发展、经济全球化日趋明显的时代，已经不再适应了。只有那些在创业之初就具备了放眼全球视野的企业家，才能使他的企业从诞生之日起就具备市场领先者的潜质。

来势汹汹的小米下一步会干什么？在乌镇的世界互联网大会上，雷军给出了答案：连接一切。

有意思的是，在小米刚刚成立没多久的时候，雷军也曾经提到过"连接一切"，他是希望小米能够成为一个平台，让尽可能多的产品和内容在这个平台上流动。近年来，小米的布局多到让外界看花了眼。

小米还成立了生态链团队，主要负责投资智能硬件公司，"3年投资50家公司，花掉10亿元人民币"，这是雷军对这个部门的要求。一年之后，已经有25家创业型公司接受了小米的投资，一些智能硬件产品，像手环、血压计、摄像机也都在小米的庇护下，一出生便含着金钥匙。

无一例外，所有的产品都是与小米手机相连，所有的数据也都实现共享。但这并不意味着智能家居市场已经成熟，很难说一个手环或者摄像机的出现便意味着进入智能家居时代，但是小米看重的是通过手机这个必备品,将家庭中的一些硬件设备连接在一起。

所有投身这个领域的企业都尚处摸索阶段,但雷军丝毫不掩饰对智能家居的期许,"智能家居会是下一个千亿美元规模的市场"。

不仅对硬件毫不手软,在内容方面,小米的策略也是通过资本运作来达成合作。在前新浪总编辑陈彤加盟小米的同时,雷军将第一期的10亿美元投向了内容领域。通过与迅雷、优酷土豆、爱奇艺等视频网站,以及华策影视公司的合作,既能为小米提供内容,又能为合作伙伴拓宽移动终端的市场,达到双赢的目的。

雷军否认在未来一段时间内,小米会把钱花在自己做内容上,"视频行业并不需要第三名、第四名的后来者",小米投资了它们,内容可以提供给移动终端,这就足够了。

看得出来,除了手机、电视和路由器之外,雷军并不想在更多的硬件产品上花费过多的金钱和精力,通过尽可能多地与其他企业合作,来缩短与行业领跑者的差距,小米是用资本和战略打一场时间战。

外界对小米的质疑从来没有消失过,但雷军看上去似乎底气足了一些。在乌镇的世界互联网大会上,雷军表态5年至10年,小米会成为世界第一智能手机公司,苹果高级副总裁布鲁斯·塞维尔质疑其"说得容易,但是做起来难",雷军机智地引用了马云的名言,"梦想还是要有的,万一实现了呢"。

古人云:"不谋万世者,不足谋一时;不谋全局者,不足谋一域。"要想做好一件事情,就要从全局去考虑,如果只谋一域而不谋全局,那么即便暂时能够做好,等到全局溃败的时候,这一域最终还是要失去的。无论做什么事情,我们都要有长远的眼光,而不能只顾眼前。

有一个企业家做演说，他问在场听众："开车进加油站最想完成什么？"众人都回答说："加油！"企业家听了摇了摇头，略感失望，于是就有人补充"休息、喝水、上厕所"。这时候，企业家说道："开车进加油站的人，最想做的，当然是早一点离开，朝着目的地继续他的旅程。"

一个人做事当然有具体目的，但也绝对不能将目光聚集在眼前这些琐碎的目标上面。因为，你的目标如果太小、离你太近的话，你就不会在精神或身体方面去积极准备，这种心理就使得你身上的潜能无法得到完全的释放，因此，你无法走很远的旅程。但如果你的目标很大，那么，你在制订了目标之后就会积极地进行心理方面的准备。这样，你的心态就变得异常活跃、积极。你的潜能就会大量释放出来，从而使你有足够的精力向更远的目的地出发。

传说，大唐贞观年间，在长安城西的一家磨坊里有一匹马和一头驴子。它们是好朋友，经常在一起谈心。马负责为主人拉车运货，驴子的工作是在屋里推磨。贞观四年，这匹马被玄奘大师选中，接受了一项艰巨的任务，与大师一起动身去天竺国大雷音寺取三藏真经。

13年后，这匹马跟着大师经历了千辛万苦，驮着佛经回到长安。大师受到重赏，而马也被人们精心打扮一番与大师形影不离，跟随大师去全国各地讲经。不久，朋友见面，老马跟驴子谈起了旅途的经历：浩瀚无边的沙漠、高入云霄的峻岭、火焰山的热浪、流沙河的黑水……驴子听了神话般的故事，大为惊异。

驴子惊叹说："马大哥，你的知识多么丰富呀！那么遥远的路程，那种神奇的景色，我连想都不敢想。"

马思索了一下，感叹道："老弟，其实这几年来我们走过的路程是差不多的。"

驴子不理解:"哪里? 我的确一点儿见识都没有长!"

马说:"你想,我在往西域走的时候,你不是一天也没有停止拉磨吗?不同的是,我同玄奘大师有一个遥远而明确的目标,始终按照一贯的方向前进,所以我们开了眼界;而你却被人蒙住了眼睛,一直围着磨盘打转转,所以总也无法走出这个狭隘的天地。"

埃德蒙斯认为:"伟大的目标构成伟大的心。"一个人之所以伟大,是因为他树立了一个伟大的目标。伟大的目标可以产生伟大的动力,伟大的动力导致伟大的行动,伟大的行动必然会成就伟大的事业。小目标,小成功;大目标,大成功,这个成功规律永远不会改变。因此,只有拥有一个远大的目标,才能够高瞻远瞩,取得大的成功。

由此可见,把你的眼光放得远一些,才能够让你的企业走得更远。

第二章

不熟不做，认识自己的优缺点

....

1.从自己的"痛点"做起

对于创业者和投资者来说，有一句老话一定要记住，那就是"不熟不做"。想要提高创业成功的概率，最简单的方法就是从自己熟悉或有专长的事情做起，这样就可以收到事半功倍的效果，大大减少创业过程中的波折。

凭借自己的天分和努力，雷军在武汉大学求学时就已经成为了一名优秀的程序员，也正是因此，他和几个朋友还自筹资金创办了电脑公司。虽然由于种种原因，公司很快倒闭了，但是这次创业经历让雷军学到了两点：第一，虽然创业失败了，但是自己仍然从中学到了许多东西，对自己擅长并熟悉的这个行业仍充满信心；第二，创业只凭借年轻的冲动和热情是远远不够的，还需要对这个行业有全方位的、足够的了解，创业过程中总会遇见许多你意想不到的问题，只有完全掌握了行业的发展动态，你才能应变其中的种种问题。

毕业后，雷军决定去北京中关村寻求实现自己的人生价值，在这里他遇见了改变他一生的人——求伯君。之所以加入"金山"，一方面是因为他对"金山"、对求伯君的欣赏，更重要的是在"金山"的工作内容是他所擅长的，在"金山"工作不但可以学到很多东西，而且工作起来能够如鱼得水，这样更容易发现问题，解决问题。

有一次，"金山"开发的软件在投入市场时遇到了严重的问题，投入了大量资金，但是市场反应却不理想。凭借自己对这行业多年的了解，雷军认识到，这不是软件本身的问题，而是软件针对的市场出现了问题。找到问题的关键后，雷军不再沉溺在电脑前改写软件程序，而是跑到软件店中站店面。在和消费者面对面地接触了三个多月后，他了解到了用户的需求，以及市场的机会。此后，"金山"重整旗鼓，改写软件，再次投放市场，并得到了消费者的支持。

当你越是了解和熟悉一个行业，就越能找到一个行业的规律和动向，从而使你能够及时做出相应的调整，更重要的是还能够使你发现市场的"空白点"，这样就能针对这个"空白点"开发新的产品，抢占先机。那时各大软件公司都在研究大型的综合软件，因此市场竞争很激烈。

这时雷军发现了一个市场"空白点"，那就是"小软件"的开发。他率领团队先后开发了"金山词霸""金山影霸"，当时没有人愿意开发这种既麻烦又不赚钱的小软件，但凭借自己多年的经验，雷军坚定地认为，这些小产品的市场前景是美好的，而且他想得更长远：即使这些软件帮"金山"赚不到钱，但是借助这个"空白点"能够帮"金山"树立一个新的形象，成立一个有"金山"特色的品牌，这就是竞争力。令人欣喜的是，后来这两款软件获得了极佳的口碑，"金山影霸"曾一直位居各软件下载榜的榜首，"金山词霸"直到今天仍旧是消费者最喜欢的词典软件之一。

真正想创业又想要成功的话，一定要对某一行业越熟越好，不要光凭想象、冲劲、理念做事。你也许是位卖保险的、做销售的、做人力资源的、做文员的、做律师的、做生产检验的……无论你过去从事什么工作，都可以试着想一想是否能将曾经的专业与互联网结合，服务大众，同时让大众能广泛参与进来。互联网创业，特点是连接性，连接你的用户和你及与你相同背景的人。

这样的案例有很多，在我们身边俯拾即是。

任晓倩3岁学画，曾想成为画家。研究生毕业后她第一次创业，给北美的一些大公司提供个性化礼品设计。她发现个性化、私人定制的潜力非常大。她当时做的是照片的个性化产品，但是照片太过真实，容易暴露隐私，如果有艺术加工会更好，可以添加幽默、快乐的元素。以前找她这样的专业画家才能完成这样的事情，周期长、费用高、产量小。而这项技术活儿用计算机可以轻松完成，并实现艺术的个性化。

经过五年时间的创业和打磨，任晓倩的移动互联网创业项目"魔漫相机"的手机应用APP风靡中国，用户用手机拍下的照片能迅速变成一幅幅漫画，用户可以随时看到幽默、乐观、快乐的自己。产品上线已8000多万用户，海外用户占了一半，这款应用曾在多个国家应用下载总排行第一。

张馨心曾是一个在法律行业拥有10年工作经验的人,她深感这个行业就像是个手工作坊,一方面,律师的收入不稳定,寻找客户资源难,竞争激烈;另一方面,中国有上千万的中小企业,每年还新增上百万家,但90%以上没有请法律顾问,不是没需求而是请不起。一家中小公司,聘请一个法律顾问年费用至少3万元。极少数大律师很忙,80%律师很闲,律师与客户间彼此不信任。

如何让90%的公司请得起律师,让80%的律师有事做?张馨心结合自己10年做律师的经历开办了绿狗网,为中小微企业提供专业而全方位的法律产品与服务,从咨询律师"问"开始,"写"法律文书,"审"法律文书,"打"官司等帮小企业解决日常的法律问题。家庭个人及企业用户可直接在线上进行法律服务自助交易,用户可以在绿狗网上一站式解决法律问题。"想做法律界的天猫,用淘宝模式卖法律服务!"

互联网创业第一步很难迈,从自己的痛点做起,从自己的兴趣爱好做起,从自己的专业做起,这三点是最容易起航的互联网创业点。这三点看似不同其实都有一个共同点,即是你非常熟悉的点,你得熟悉自己的痛点、爱好和自己的专业,比别人了解得都深入,这样你才能说服和你有相同点的人加入你的团队。

创业要在稳健中求发展,在做任何一项投资前都要仔细调研,自己没有了解透、想明白前不要仓促决策。有很多人觉得自己创业失败是因为运气不好,事实上往往是离开自己熟悉的领域,涉足那些热门的、流行的领域想要"一夜暴富",那是很不切合实际的想法。很多人看到网店红火就跟风在网上开店卖服装,一些人就想当然地认为自己绝对有实力做服装生意,但是等真正开起了服装店,却发现什么都不懂,尺码到底怎么划分,当下的流行款式是哪些等都不了解,这怎么可能赚得到钱呢!

创业本身就是以收益为第一位的,如果对一个行业熟悉,做的过程中遇到问题时,就能自己解决,省去咨询别人的成本和风险,还能很好地预测以后的市场行情走势。熟悉意味着在该行业已建立了人际网络,在生意往来和客源方面有一定的基础和保障。再加上这个行业的资金周转率、应收账款情况、固定设备和流动资产投资额,对投资效益如何、最大费用在哪里,都有一个比较完整清晰的认识,对可能遇到的问题、风险都有一定准备,能少走许多弯路。选择熟悉的行业来创业,能有效规避风险,节省时间,减少行业的间距,有利于横向发展。

雷军认为:生意本身是不分好坏的,只有适不适合,完全不熟悉的就不适合做。如果把不做不熟悉的生意理解为墨守成规、不懂得创新就大错特错了。在一个行业做熟之后就能掌握规律和要领,对其他类似的相关行业就有了变通的基础。创业就是要在熟悉的基础上,慢慢将不熟悉变为熟悉。无论选择哪种行业都要控制风险,投入资金不要超过自己承受的范围。当进入一个新的行业,要经过详细的市场调查,看在自己熟悉的基础上能够应用的比例有多高,完全生疏的行业是绝不能涉足的。

创业者首先要有一个清醒的头脑,先思考再行动。盲目进入自己不熟悉的行业,没有充分调查就行动,结果必然是失败的。从熟悉的行业做起,能够少走许多弯路,对创业者来说是最明智的选择。

2.认清自己的优势和不足

要想取得成功,必须从认知自己开始。对自己看得越准确、越透彻,选择的道路就会越正确,自身的潜力就越能发挥出来,成功的可能性就越大。了解了自己的个人能力和兴趣爱好,在选择工作时以及在工作过程中,就会明确目标,就可以扬长避短,逐步走向成功。

大学毕业后,雷军在选择何去何从的时候也曾经犹豫过。去外企对年轻人来说是一个不小的诱惑,雷军曾经想去惠普公司,但又一想:"我去惠普公司做什么?我要写程序,写程序才是我的生命。而在惠普公司,我就写不了程序了。"

大学时代的雷军凭借自己优异的学习成绩,成为了学校的风云人物,他编写的程序就连老师都赞赏有加,还被选用在教材中做示范,学业如此成功让雷军有了自己的梦想,他希望可以成为中国最好的程序员。也正是由于这种能写出好的程序的信心,雷军和朋友一起加入了大学时代的创业大军。然而,当时的雷军低估了创业的难度,相继发布了几个程序都没有赚到钱,这次创业最终不了了之。

不过,经历了这次创业,他进一步认清了自己当时的能力,意识到了自己的不足。雷军说:"我们那时候都不懂做生意,以为会写程序就行了,还是太嫩了。"这也是他如今经常提醒年轻一辈谨慎创业的原因。的确,想要创业做生意,没有经验和基础,光靠天赋是不够的。另外,从创业经历中,雷军初步了解了运营一个企业需要做哪些工作,这为他日后从程序员转型为企业高层管理者奠定了基础。

人生在世，谁不想有所作为？但成功者寥寥，很多人因不了解自己而失败。俗话说"知己知彼，百战不殆"，要想"不殆"，必先"知己"，"知己"就是了解自己。每一个人都是一个独立的自我，每一个人都有自己的优点和缺点，世界上不可能有十全十美的人。认识自己往往比认识别人更难。

爱因斯坦在科学上的贡献家喻户晓，而在20世纪50年代爱因斯坦曾收到一封信，信中邀请他去当以色列的总统。爱因斯坦毫不犹豫地予以拒绝。他在回信中写道："我的一生都在同客观物质打交道，因而既缺乏天生的才智，也缺乏经验来处理行政事务及公正地对待别人，所以，本人不适合如此高官重任。"

历史学家则认为，"爱因斯坦是清醒而明智的，他的智慧和美德不仅在于他发现了相对论，还在于他发现了自己。"

有时一个人竭尽全力去做一件事而没有成功，并不意味着做其他事不会成功。所以在行动之前，先要想一下，如果选择了一条不适合自己的道路，这就注定难以成功。

而我们很多人，在人生道路上的错误往往从违背自己的性格时就开始了：售货员想要教书，而天生的教师却在经营着商店；本来只配粉刷篱笆的人却在画布上涂鸦；有人站在柜台后三心二意接待顾客的同时却梦想着其他职业。一位优秀的鞋匠为自己社区的报纸写了几行诗歌，朋友们就把他称为诗人，于是他竟然放弃了自己熟悉的职业，利用自己并不熟悉的电脑来写作……

难怪美国总统富兰克林感叹："有事可做的人就有了自己的产业，而只有从事天性擅长的职业，才会给他带来利益和荣誉。站着的农夫要比跪着的贵族高大得多！"

所以说，决定你是否是最好的，既不是物质财富的多少，也不是身份的贵贱，关键是看你是否拥有实现自己理想的强烈愿望，看你的性格优势能否充分地发挥。

人们熟知的一些成功人士，就是在普通的岗位上，充分发挥了自己的性格优势，做好自己身边的每一件事，才创造了最好的自己。

有位记者采访投资银行一代宗师摩根，问："决定你成功的条件是什么？"

摩根毫不掩饰地说："性格。"

记者又问："那么，资本和资金哪一个更重要？"

摩根一语中的地答道："资本比资金重要，但最重要的还是性格。"

确实，翻开摩根的奋斗史，不论是他成功地在欧洲发行美国公债、慧眼识中无名小卒的建议而大搞钢铁托拉斯，还是力排众议，甚至冒着生命危险推行全国铁路联合，都归结于他那倔强和敢于创新的性格。如果排除这一条，恐怕有再多的资本也无法开创投资银行。

1998年5月，华盛顿大学有幸请来世界巨富沃沦·巴菲特和比尔·盖茨演讲。当学生问"你们是怎么变得比上帝还富有的"这一有趣的问题时，巴菲特说："这个问题非常简单，原因不在智商。为什么聪明人会做一些阻碍自己发挥全部工效的事情呢？原因在于习惯、性格和脾气。就像我说的，这里的每个人都完全有能力获得和我一样的成功，甚至超过我。但是有些人做得到，有些就做不到。做不到的那些人，是因为你自己阻碍了自己，而不是这个世界不让你做到；你自己压抑了自己的性格、扼杀了自己的天赋。一句话，自己挡住了自己的路！"

仔细思考一下，你还在"自己挡住自己的路"吗？如果是，那么你永远也不可能成功。

正如一位诗人所说的："如果你不能成为山顶上的高松，那就当棵山谷里的小树吧——但要当棵溪边最好的小树。如果你不能成为一棵大树，那就当丛小灌木。如果你不能是一丛小灌木，那就当一片小草地。如果你不能是一只香獐，那就当尾小鲈鱼——但要当湖里最活泼的小鲈鱼。"

3.知识的积累比财富更有价值

在科技发展日新月异、知识更新不断加快、竞争日趋激烈的今天，不断学习新知识十分重要。一辈子都要在学习中度过，这是强者做人的重要法则。一个缺乏知识的人，怎么能够成为强者，怎么能够与人较量？

回忆起自己的大学生涯，雷军自豪于自己当年的勤奋与努力奋斗。在他的印象中，闻一多等很多名人都是在大学成名的，他也想利用大学的机会证明自己的优秀。

所以，刚进大学时，很多人还处于大一"彷徨"期，聪明的雷军已开始"呐喊"，他把仙桃老乡全都叨扰一遍，向他们打听老师的喜好、点名的习惯，每个老师的教学特点、哪门课比较重要、哪门课不太重要，以及如何考试，把他们不要的书几箩筐几箩筐地搬回寝室。

雷军每天早上七点钟去教室占座位，总要坐在最好的位置上听课;周末他喜欢看电影,但经常要上自习到九十点钟后看晚场。

雷军特别害怕落后,怕一旦落后,自己就追不上了,他认为自己不是一个善于在逆境中生存的人。所以会未雨绸缪,会先把一个事情想得非常透彻,不让自己陷入逆境,首先让自己立于不败之地,然后再出发。

雷军本来有午睡的习惯,但当他看到其他同学不午休继续学习的时候,雷军感到时光虚度。为了不落后于人,他硬是强迫自己把这个习惯改掉了。

雷军是聪明的,他擅长时间管理,把时间分割成以半小时为单位,为自己制订好每半小时的学习计划。他上课有一个这样的标准:如果哪门课是比较重要的,他就上1/4的课,哪门课不太重要,他就上1/8的课。这样听课的目的是搞懂课程的精髓。这也许真是个好方法,大学一年级,雷军就取得了全年级第一的成绩。

雷军最喜欢的课程是"数字逻辑",因为雷军几乎能回答老师的所有问题,这让他很有成就感。上"数字逻辑"课时,老师总是先问大家,如果没有一个人能回答上来,再让雷军站起来回答。据他的师弟师妹讲,雷军还是系里20年来得到《汇编语言程序设计》满分成绩的仅有的两个学生之一,堪称传奇人物。

学习是一辈子的事,不论是在人生的哪个阶段,学习的脚步都不能有所停歇。大凡像雷军这样杰出的人,都是终身孜孜不倦、追求知识的人。在漫长的人生经历中,即使再忙再苦再累,他们也不放弃对知识的追求,学习既是他们获取知识的途径,又是他们在逆境中的精神支柱。

有了知识就有了过人的才华,雷军才会与求伯君一见如故,随后加入"金山",正式进入商场,成为数亿身价的CEO。

在漫长的一生中,知识的积累比之财富更有价值,它能使一个人从博学中领悟智慧,能帮助一个人从黑暗中走向光明。

一次,很多富翁乘一艘大船出海旅游,酒足饭饱之后他们各自吹嘘自己如何富有,一个比一个说得离谱。一位读书人在一边听他们争论却默不作声。

一位富翁问那个读书人:"年轻人,你有什么财富?快对大家说说!"

读书人微笑着说:"我比你们都富有,只是现在我无法拿给你们看……"

富翁们以为这不过是一个穷光蛋的自吹而已。几天后,游船遇到了一伙海盗,富翁们随身携带的金银财宝全部被洗劫一空,富翁们懊恼极了。

大船继续向前驶抵一个港口后,实在没有资金再向前航行了。富翁们上岸后,困窘得只好靠给人做苦力来填饱肚子;可读书人很快就被聘到学校去教书,生活自然比富翁们好多了。

几年后,读书人有了一定的积蓄又娶了漂亮的妻子;而当年自吹自擂的几位富翁,却沦为了真正的穷光蛋。他们若有所悟地对年轻人说:"小伙子,你这才是真正的财富,把知识藏在肚子里,什么时候需要用都有,也不会遭到海盗的劫持……"

人人都希望拥有财富,很多人去学习知识的目的就是想获取财富。

一开始,人们是用金钱去学习知识,然后再用知识去获得财富。财富可以天生拥有,而知识却要通过艰苦的学习才能获得;知识有可能会转化成财富,而财富却无法买到知识;财富可能一夜之间消失,知识却可以让自己受用一生;财富会贬值,而知识只会越来越有价值。人们常说"知识就是财富",却从未听说有"财富就是知识"的说法。

有人喜欢聚敛钱财,对于他们来说,知识只是获取钱财的一个手段。但这些浮云身外之物,往往会随着时间和境遇而来去空空。唯有知识的积累,才是实在而永久的。

而忙着聚敛财富的人,就很少再去想学习知识了。因为按照他们的思维模式:读书的目的就是获得更多的财富,既然目的已经达到了,再去积累知识又有何用。近几年的高考,有越来越多的考生弃考,一部分的观点就是,现在大学毕业、就业难,读完几年大学,出来跟没上那么多年学的人抢饭碗,好像并不怎么划算。成功的道路千万条,不敢说这样的选择就是错的,只是用财富去衡量知识,未免有些失准。

在这方面,杰出的企业家托马斯·金曾受到加利福尼亚的一棵参天大树的启发:"在它的身体里蕴藏着积蓄力量的精神,这使我久久不能平静。崇山峻岭赐予它丰富的养料,山丘为它提供了肥沃的土壤,云朵给它带来充足的雨水,而无数次的四季轮回在它巨大的根系周围积累了丰富的养分,所有这些都为它的成长提供了能量。"

那些学识渊博、经验丰富的人,比那些庸庸碌碌、不学无术的人,成功的机会更大。许多天赋很高的人,终生处在平庸的职位上,导致这一现状的原因是不思进取,他们宁愿把业余时间消磨在娱乐场所或闲聊中,也不愿意看书学习。其实,对于一个初入社会的青年,随时随处都有知识可以积累。对于接触到的一切事物,都要细心观察、研究,积累知识比积累金钱更要紧。如此,所获得的内在财富要比有限的薪水高出数倍。

美国前总统克林顿曾说："在19世纪获得一小块土地，就是起家的本钱，而21世纪，人们最指望得到的赠品，再也不是土地，而是联邦政府的奖学金。因为他们知道，掌握知识就是掌握了一把开启未来大门的钥匙。"

学习，它不仅能让你在社会中站稳脚跟，使你永远立于不败之地，还能改变你的人生，给你成功的辉煌。无数成功人士的实践表明，在科技发展日新月异的今天，不读书、不学习，就跟不上时代的步伐，就不可能有什么革新与创造，只有不断地读书、学习才不会被高速发展的社会所淘汰。

"知识就是财富"，在知识经济时代，这已不仅仅是个口号，而成为被实践证明了的真理。世界名企的十四字诀就是"用知识创造财富，用学习改变人生"。在竞争如此激烈的当今时代，如果你没有强烈的学习意识，是不可能在竞争中获胜的。我们要有一种"活到老，学到老"的学习态度，有一种"世上无难事，只要肯攀登"的精神。

4.合适的行业是飞翔的翅膀

合适的行业对成功有多重要？就像鸟儿需要飞翔一样，对的行业就是你飞翔的翅膀，是你梦开始的地方。在选择一个行业之前，你需要对自己的气质、性格、兴趣等有一个基本的了解。如果你不慎从事了一份自己并不适合的行业，那么就很难发挥自己的真实才干，做不出什么成绩来，还可能少了一分趣味，无法享受到工作的欢愉。

雷军出生于一个教师家庭,良好的教育环境让雷军从小就是乖学生,父母很少因为雷军的事情而操心。雷军一向对自己要求很严格,而且做事认真。从一定程度上说,雷军可能天生就是一名做程序员的材料。有的人个性稳重、有耐心、谨慎,适合做研究类的工作,如科学家、机械师、工程师、技术人员、程序设计员等,雷军就是这类性格的人。他有时为了写一条程序能够在电脑面前坐一整天都不动。雷军对自己的职业规划很清楚,他找了一个适合自己的职业发展方向——成为一名伟大的程序员。

个人的职业发展是人生幸福的关键。拥有良好的职业发展的前提,是对个人性格、兴趣、能力、价值观和抱负的准确的自我理解,以及对各种行业和岗位的工作性质的客观了解。选择了适合自身特点的职业,我们就能更好地发挥个人潜能,更容易获得社会和他人的接纳和认可,获得所追求的成功。有了明确的职业定位,人生的方向就会变得清晰。

有些人在选择职业时总是感到很迷茫,他们往往迷恋那些比较"热门"的行业,而并不清楚这些行业是不是适合自己。

反观现在的就业市场,存在着这样一种尴尬:一方面求职者找不到好工作,另一方面用人单位却抱怨招不到人才。这里面的矛盾就在于用人单位招不到合适的员工,而很多求职者,没有明确的职业规划,不知道自己适合什么,追求脱离自身实际的高工资、高待遇的理想工作和热门职业,对于基础职位不屑一顾。别人干什么自己也跟着干,盲目跟风,都扎堆热门行业,这样的求职风导致一些正在发展的企业缺少人才,一些热门行业人才过剩又不重视人才。

你在确定职业方向时,可以进行以下测试。

请试着把下面6段文字进行排序，这可以帮你了解如何利用价值标准中的观点，对职业的具体内容及要求进行分析。

(1)成功。如果你的满足感来自于"成功"这个价值，那么你所从事的工作应该是你最擅长的，能让你发挥最大的能力，或者是你曾经接受过专业培训所要做的。在你的工作中，你会看到自己努力的成果。通过频繁开发新项目、得到新奖励，你会从中感受到成功的喜悦。

职业范例：生物学家、药剂师、律师、主编、经济学家、公务员。

(2)认同。如果你的满足感来自于"认同"这个价值，那么你应该寻找那些有好的提升机会、好的声望，并且有潜在的成为领导的机会的工作。

职业范例：大学行政人员、音乐指挥、劳动关系专家、飞机调度员、制片人、技术指导、销售经理。

(3)独立。如果你的满足感来自于"独立"这个价值，那么你应该寻找的是那种靠你的主动性去完成的、能让你自己做主的工作。

职业范例：政治学家、作家、IT经理、教育协调员、教练。

(4)支持。如果你的满足感来自于"支持"这个价值，那么你要寻找的工作应该是那种成为员工的有力后盾的公司，其主管的管理方式会让员工觉得很舒服。那种公司应该以其令人满意的公平的管理体制而著称。

职业范例：保险代理人、测量技师、变压器修理工、化学工程技师、公益事业经理、防辐射专家。

(5)工作条件。如果你的满足感来自于"工作条件"这个价值，那么在找工作的时候，你应该考虑薪水、工作稳定性，以及良好的工作环境。另外，找工作的时候还要考虑它是否与你的工作模式相适合。比如，你是喜欢整天忙碌，还是喜欢独立工作，又或者喜欢每天都可以做很多不同的事情。

职业范例:保险精算师、按摩师、打字员、心理辅导师、法官、会计师、预算分析员。

(6)人际关系。如果你的满足感来自于"人际关系"这个价值,那么你应该寻找那种同事很友好的工作。这种工作能让你为别人提供服务,不需要你做任何违背你的是非观的事情。

职业范例:人力资源经理、语言教师、牙科医生、公共健康教师、运动培训师。

总之,我们的价值观决定了我们的生活态度,从而决定了我们的职业取向并导致我们做出各种职业选择,这种选择决定我们的职业状况从而决定了我们的生活方式,这种生活方式最后决定了我们的人生幸福感。

在选择工作时,需要注意,薪水不应当是需要考虑的首要元素,更不能是唯一的因素。我们不应当把金钱当作人生的终极目标,不能把获得金钱看作事业的顶峰。选择工作时,不要过于看重自己可以赚多少钱、可以获得多大的名声,而应该了解哪些工作最适合自己的性格,可以最充分地发挥自己的优势。

你一定要选择那些符合你的性格、能力,能使你兴致勃勃,将来会有所成就的行业。纵观古今中外那些杰出的人物,他们都有一个共同的特点,那就是做自己最适合做的事,并坚持下来,终有所成。

5.做你相信是伟大的工作

在事业上,唯一能获得真正满足的方法就是——做你相信是伟大的工作,而伟大的工作就是你所热爱的事。

雷军说:"一个人的工作激情来自于对自己工作的热爱,只有热爱才能真正地投入热情把工作做好。热爱工作,钟爱于你所做的事,是一种积极向上的心态,是做事业的基本价值观和应当具备的信念。"

像其他大学生一样,雷军大学毕业后也面临着择业的问题。首先,他一定是要从事计算机行业,因为他的理想职业是做一名程序员。有许多公司如联想、超想、四通等都向雷军发出了邀请,但是雷军最终选择了"金山"。

雷军刚刚加入"金山"时,"金山"只有五六个人,两年后他出任公司总经理,配合求伯君管理公司。1998年雷军被董事会任命担任CEO时,那时的"金山"已经发展成为有近百人的企业。到2007年,"金山"接近两千人,并完成了IPO(首次公开募股)。在这近二十年的时间里,从刚毕业的大学生到优秀的程序员,再到公司CEO,雷军几乎付出了自己的所有精力和心血。

雷军与求伯君可以说是一见如故。求伯君很欣赏雷军在计算机方面的才华,雷军觉得求伯君正在做自己梦寐以求的事业,在求伯君的力邀下雷军加盟"金山"。不久后,雷军在北京成立了"金山"开发部,负责WPS汉卡的技术支持,做"金山"未来3~5年的产品。他组织20多名顶尖程序高手,在"求伯君的今天就是我们明天"口号的激励下，拼命工作、开发程序，雷军更是尽心尽力做自己热爱的工作，他能全身心地投入，不论工作有多忙，遇到什么困难，似乎都浇不灭雷军的工作热情。

特别是在他出任总经理以后，便对"金山"众多事务亲力亲为，他将自己大部分时间都投入到异常忙碌和紧张的工作中去，的确，有太多的事情等待他去完成。而且你还会发现，雷军每一次露面，总能把自己调整到精力充沛、信心百倍的状态。包括在职或已离职的"金山"中高层员工，在谈及雷军对待工作的态度时无不表示敬佩，雷军对待工作的高度热情深深地感染着身边的每一个人。让雷军拼命工作的动力不是名利、地位、鲜花、掌声，而是出于他对自己所做的事的钟爱之情，这种感情能够让他在工作中忘记劳累和烦恼，在风雨泥泞中不屈服、不后退，一直快乐地前行。

在一次采访时，记者问雷军："听说你是'金山'最不爱睡觉、最不爱吃饭、最不爱回家的人。最近更是凌晨3点下班回家，早上8点开会，在这连续几个月睡眠不足的日子里，你还能有快乐工作的感觉吗？"

雷军回答道："我把别人用来睡觉的时间来完成工作了，我很快乐。我很享受这种生活。自从'金山'的网络游戏《剑侠奇缘》上线以来，我们团队很多人都是一天睡不了几个小时，我也几乎没有休息的时间。要把企业的需要变成个人的爱好，企业需要你不睡觉就不睡觉，企业需要你不吃饭就不吃饭。"

当你钟爱你的工作，热爱你的事业的时候，你的工作，你的事业也会给你相应的回报；如果你只是把工作作为一份差事来应付，不热爱它，那么，它只能是你的地狱。只有你深深地热爱着这个行业，你才会把它做好。

雷军认为，能不能做好一个企业，经验和实力固然重要，但是支持你走下去的内在动力——对所做事业的心态则更为重要。喜欢不喜欢是一种心态、一种情绪，在很大程度上影响着事业的成败。

"迪士尼"是一个给无数孩子和家长带来快乐的名字，代表着遍布世界的乐园以及世界流行的卡通片。迪士尼公司的创始人沃尔特·迪士尼，当初只是一个爱画画的小孩，他的梦想就是做一名画家。开始时，他的画几乎无人欣赏，这让以画画为生的迪士尼过着贫困潦倒的生活。

那时候，他的"画室"是一个满是汽油味而且又脏又乱的废旧车库，在这里画画时他常常会看见一只鼹鼠，这只鼹鼠的一举一动都被迪士尼看在眼里，他还经常扔一些面包屑给鼹鼠吃。一天，迪士尼在思考自己新画的主人公时，突然眼前闪过他和这个鼹鼠的互动情景，于是灵感的火花迸发，他开始画以鼹鼠为主题的卡通画，日后闻名世界的米老鼠就这样诞生了！"米老鼠"大获成功之后，迪士尼于1928年创立了迪士尼制片公司，主要从事卡通电影的制作。

在后来的日子里，迪士尼很少亲手绘制原图、安排对白及处理画面，因为这些有他的助手们代劳。但是迪士尼从没扔下自己热爱的工作，繁忙的工作之余，他将大部分时间花在了去动物园研究动物的动作及叫声上。米老鼠卡通片中米老鼠的声音，就出于迪士尼本人之口。迪士尼将所赚的钱全都用于事业上，在他看来，赚钱并不是有趣的事，唯有工作才能使他在生活中产生感激之情，并感受到无穷的乐趣。

许多曾经对自己的事业充满斗志的人，因为长期机械地做事而丧失了工作的热情，变得厌倦；有的是因为对环境不满意或是其他原因而忽略了工作乐趣;有时仅是因为经受了一次失败的打击,对未来产生了恐惧而不再有动力和激情。在实现自己梦想的过程中总会遇到种种不幸,只有钟爱你的事业,你才能坚定信念,才能有走下去的勇气。

每个人都希望从事自己喜爱的工作,但是,现实往往不尽如人意。在具体工作中,有的人把工作看作是一种乐趣,享受过程,快乐收获;有的人则把工作看成是一种负担,应付差事,从而也就失去了很多。一个人所从事的工作,是他获得幸福的源泉,是他的理想所在,是他对待人生态度的体现。如果你有喜欢的工作,那么恭喜你,朝着自己希望的方向去努力,为自己的人生尽力活一次,不要到老时遗憾自己没有做这做那。如果你没有想过自己究竟喜欢什么,也很简单,从现在开始,热爱现在的工作,试着去喜欢它。

比尔·盖茨说:"你可以不喜欢你现在的工作,但你必须热爱它。只要坚持热爱,平凡的工作也会有伟大的成就。"热爱工作是一种信念,积极乐观的人总是怀着这种信念为自己的理想奋斗着。

曾经有人问爱迪生成功的秘诀是什么,爱迪生回答说:"我为了解决一个问题,会持续不断地努力,投注无数的精力和体力而不感觉疲倦,这就是我成功的秘诀。"

乔布斯曾说过:"只有爱你所做的,你才能成就伟大的事情。如果你没找到自己所爱的,继续找,别停下来。就像所有与你内心有关的事情,当你找到时你会知道的。"

在自己所钟爱的事业中,你可以尽情释放自己的热情、释放自己的能量、释放自己的智慧,来获取一份快乐、一份成功。那些取得杰出成就的人,哪一个不是从事自己所喜爱的事业的呢?做你所爱,爱你所做。你这一生能够有多成功,就取决于你做了多少自己热爱的事情。

6.时刻把握自己的方向

成功创业不仅需要创业者的努力与勤奋,还需要专注于一个正确的方向和目标。正确的方向虽不能使创业者的事业长命百岁,但必定能大大增加其成功的概率。

方向是努力的依据,也是创业者对自己的鞭策。

作为投资达人,雷军的每一次投资都不是盲目的。在决定投资前,他要做的第一个工作就是选定一个方向,而这个方向一定是在自己熟悉了解的行业里。他说:"我在想未来10年,什么东西是中国的方向?其实谈未来10年是一个很容易的事情,每个人对未来10年都有自己的判断。但是结合中国大市场的环境,找出几个领域,我认为这才是真正有价值的东西。"

在近20年的职业生涯里,雷军做过不同的工作:电子商务、软件、网络游戏等,且参与得都比较深入,从产品研发、市场推广、销售到管理各个环节都非常熟悉。凭借这些经验,雷军对他的投资设定了一个大的方向,即与互联网相关的衍生领域。在这个领域的众多方向里,他又选择了三个主要方向:第一个是移动互联网,第二个是电子商务,第三个是互联网社区。雷军说:"我投了20家公司,主要定了三个方向,我在这20家公司的投资百分之百都在这个领域里面。"

雷军认为,"谷歌"和"苹果"之所以伟大,就是因为拥有专注和极致的基因。创业者从创业之始,就要坚持"专注"和"极致",才有机会做成一家像"谷歌"和"苹果"一样伟大的公司。

20世纪90年代中后期，互联网的浪潮在中国刚刚兴起，而后迅猛发展，许多互联网公司纷纷出现，如腾讯、百度、阿里巴巴。在投资互联网以前，雷军曾经花了很长的时间思考什么是互联网。他发现在这个即将到来的互联网时代，他们这些忙于软件开发的人对这个行业了解甚少，他说自己似乎成了落伍者，要被这个时代抛弃了。

在雷军眼里，互联网是一个平台，借助他可以拓展很多其他业务。明白这点以后，雷军借助互联网做起了电子商务。2000年，他创办了一家电子商务公司，名为"卓越网"，2004年，他将卓越网以7500万美元的价格出售给全球电子商务巨头亚马逊，就是今天的亚马逊中国。这次经验让雷军对电子商务更加了解，当他转身做投资人的时候，也并没有放弃电子商务这个领域，他说自己只给自己熟悉的人、熟悉的领域投资。2005年，雷军再次与老搭档陈年合作，投资其创办的我有网，但是因对行业环境判断失误，我有网陷入困境。陈年似乎有些灰心，沉寂了两年，但是雷军对陈年及电子商务这个行业仍旧抱有信心。2007年，陈年振作精神，决定重新做老本行，创办了凡客诚品。雷军觉得陈年一定会再成功，继续支持陈年。他不但给予陈年资金上的支持，而且身体力行为凡客诚品做起了广告。雷军既是凡客诚品的第一个试衣模特，也是凡客诚品的第一个明星代言人，更是凡客诚品始终排名前五的VIP用户。

如今，凡客诚品凭借其高性价比的服装服饰和完美的客户体验，已经成为网民购买服装服饰的主要选择对象。雷军坦言，几年前从零开始投资凡客诚品，是目前所有投资中最为成功的。

2008年4月，雷军再次投资电子商务，他鼓动毕胜与他合作，创办了一家电子商务网站"乐淘"。后来，雷军又投资了尚品网。渐渐地，他在这些熟悉的领域中如鱼得水。

雷军总结说："做电子商务很累，但是投资要看重长远利益，把握住未来发展的一个方向，坚定地走下去，便会成功。"

的确，当一个人专注于一个方向的时候，他会对其越来越了解。成功创业源于你有明确的目标和方向。在现实生活中，与其讲我们缺少明确的目标，不如说我们缺少对目标的专注。

分散精力是最大的浪费，毕竟人的精力是有限的，许多人往往穷尽全力都很难掘得真金。在有限的职业生涯中，能够专注于一个方向，朝着一个目标做精、做深，比那些多功能的人更容易做出成绩。雷军说："在天使投资领域里面，我做得好，我觉得最重要是我选择这三个投资方向，今天看来都是非常出色的方向，所以大方向很重要。"

生活中总是有许多没有方向、四下张望的人，他们注定只会一无所获。如果一个人没有明确而具体的奋斗方向与目标，那么他也不会收获明确而具体的东西。对于创业者来讲，方向是很关键的。如果你没有经商的经验，又没有很多的资金供你"买"经验，那么方向就成了你创业时要考虑的第一个严峻的问题。只有明确方向并且专注于这个方向，全力以赴，才会有所收获。

在雷军的职业生涯中，每个阶段都有不同的目标和方向。他曾说："我喜欢有目标感的生活，做投资人以来，工作和生活的节奏也许放慢，但目标导向不能改变。刚转行的时候，我想着初步的目标是做及格吧，这个我在去年做到了，还被评了个'年度最佳投资人'，过去一年多时间我投资的企业融资超过10次以上，加起来有1亿美元了，达成目标我很开心。"

成功的投资者需要具备的一个基本素质，就是能够明确、把握住自己的投资方向，并且专注于此。只有高度的专注才能让一个人坚持自己的道路,取得前所未有的成就。当你只专注一件事,并把它做好时,就意味着你成功了。

7.善于学习,善于总结

雷军是一个勤于思考的人,听到别人任何一个新的想法,他总是立刻从横向和纵向两个维度思索,看看对自己有什么启迪。在雷军看来,任何一个伟大的企业家,也是一个伟大的思想家,宏碁的施振荣如此,联想的柳传志也是如此,他们都是想清楚了才去做的。这是一个成功者必备的素质。

2008年,雷军给UCWEB投资后,决定开始写博客,这也是为移动互联网布道的一种方式。因为当时由于移动互联网使用环境的地域性(受移动资费影响,40%的用户在广东),北京的媒体对这个行业不是很了解,和记者交流时总觉得隔了一层。雷军就想自己把它写透彻,让大家通过文章直接了解UCWEB是一家怎样的公司。另外一层用意是,雷军自己参与过几次创业,特别希望大家能少走弯路。

做天使投资人的时候,他每次都要将自己的理念婆婆妈妈地向不同的企业重复讲,雷军在这个朋友圈中帮了很多人,自己也获益良多。通过一次次投资决策,他持续与业内高手切磋,对产品琢磨,不断吸收吐纳商业的元气。他领悟到的境界,特别是对互联网的理解,已非当年苦耗在"金山"可比。所以他想把自己总结、思考出来的经验梳理出来给大家分享。要知道经验是越分享越多的，雷军在"金山"的时候，"金山"内部就有这样一种相互分享经验的体制和风气，所以"金山"成为一个具有很强学习能力的企业。雷军一手推动了这种学习风气，并受益于这种学习的良好氛围。

在实际生活中，人们要学会科学总结工作中的成败经验教训，不断提高总结反思能力。聪明者不在于不走弯路与错路，而是少走弯路与错路，特别是走弯路与错路后懂得及时回头，不能撞了南墙还不回头，那就不可救药了。

雷军多年来一直表现出善于思考的理性思维特征。从"金山"退出，专心做天使的那段时间，雷军总结了自己的工作方式与投资创业公司的原因：

第一，在金山时认为自己的精力是无限的，干得精疲力竭，这是一个做加法的过程。从做天使投资起，他开始做减法，假定自己什么都不会干，放权、授权让别人干，做减法反而效率更高。他学会了协调与整合。

第二，创业什么最重要？如果说钱最重要，那么微软就是"日不落帝国"。真正重要的是缺钱的紧迫感。创业型公司有紧迫感，往往会把一分钱掰成两半花，生存不下去就会死亡。他学会了选择与判断。

第三，为什么大公司做新的项目往往很难做成，创业型公司却成功的比例较高？因为大公司项目牵头人总在跟老板抱怨，钱不够多，人不够多。而创业型公司不抱怨、不许诺，埋头苦干，所以专心一处，事无不成。他学会了专注与支撑。

雷军总结出了自己做天使投资的"十条标准",总结出了"雷五条",总结出了互联网"七字诀",总结出了"站在风口的猪也会飞起来",从而改变了自己创业的思路。善于思考,善于总结,善于学习,小米手机就是再学习最好的榜样,他能从他身边的任何人身上迅速学到东西。

一个不懂得总结历史的民族,是没有前途的民族;一个不善于吸取经验和教训的政党,不能说是一个成熟的政党;而一个不具备总结反思能力的人,也很难迅速成长起来。

第三章

点燃激情,人因梦想而伟大

1.敢于梦想,给自己一个目标

每个人,都有自己的梦想,而每个人的梦想与现实的距离,究竟有多长、有多远,是各不相同的。但有一点是共同的,当你不甘于现实的处境,不甘于生活的无奈,不愿屈就于现实的迷惘和落寞,幻想自己能够拥有美好而又前途光明的未来时,就会希望借助梦想,摆脱困境,在梦想与现实的边缘寻找心理平衡。用雷军的话说就是:"想实现什么梦想,就可以放手去干。"

雷军在大学时代就树立了做一家世界一流公司的梦想。那时他的大学成绩相当优异,尤其是专业课,老师和同学都非常欣赏他的才华。他大一时写的PASCAL程序,被老师选作了下一版教材的示范程序。后来,雷军的师弟告诉他,雷军是系里20年来得到《汇编语言程序设计》满分成绩的仅有的两名学生之一。雷军在大三时通过开发软件，赚到了人生的"第一桶金"，这让他对自己的梦想更加坚定。

为了实现自己的梦想，他曾经多次创业，在大学时还和同学尝试着创办了一家小公司。大学毕业后，雷军进入中国最早也是最知名的软件公司——"金山"。在"金山"这些年，雷军为自己的梦想打下了一个坚实的基础，他带领自己的团队成功推出了我们熟悉的金山快译、画王、毒霸、单机游戏、网游等软件。正是雷军和自己的团队坚持着自己的梦想，如今的"金山"成为了最大的多元化民族软件企业。

2007年，"金山"刚刚成功上市，雷军做出了一个让人惊讶的决定，他宣布因个人原因辞去"金山"总裁兼CEO的职位。很多人对他的这个决定感到费解，雷军自己说："这是我真正人生梦想舞台的开始。"他的博客名字就叫"人因梦想而伟大"，离开"金山"的梦想家雷军需要一个更好的切入点来继续追梦，雷军在一次采访时说："我18岁时就有个理想，世界因我而不同，今天我是不是还坚持这个理想？是不是还想做一个与众不同的人？我特意查了一下，柳传志是40岁创业，任正非是43岁创业，我觉得我40岁重新开始也没有什么了不起的。"

当时正是互联网大热的时候，百度、阿里巴巴、腾讯等公司在互联网领域风起云涌，雷军决定在这里继续他的梦想之旅。后来，雷军成功投资了乐讯社区（移动互联社区）、UC优视、多玩游戏网、语音IM（语音即时通讯）、拉卡拉支付终端、杀毒客户端、网页游戏、网络游戏、3G社区、凡客诚品，等等，成为名副其实的投资明星。联创策源创始合伙人冯波这样评价雷军："他就是我们的财神，我们都很尊重雷总。"20年的从业生涯中，雷军努力实现着自己的梦想，而现在的他更充实了。

雷军说："人因梦想而伟大，只要我有这么一个梦想，实现这一个梦想，我就此生无憾。实现不了，我也心安了。"

洛克菲勒说："不指望机会降临在自己身上的人，其实是承认自己无能。机会只会降临在有梦想的人身上，实现梦想的渴望越迫切，成功的概率就越高。没有什么比'有梦想'更接近成功了。有梦想，就能克服任何困难，甚至可以改变与生俱来的性格。"

的确，企业家应该具有某种梦想，雷军正是循着自己梦想的召唤，才能在成功的道路上得以坚持下去。

有人说："脚步在地上磨磨蹭蹭，画出的却是一个圆，找不到出发点和终点。"的确，止步在原地，永远都到不了成功的彼岸，而在这个圆里面不知道扼杀了多杀美好的梦想。在许多人看到，梦想就像是秋天的野草，尽管在春天拼命生长，但是只要一团野火就可以将它随意燎尽。

于是许多人不再信奉梦想，他们害怕残酷的现实将它理解成妄想。他们放弃了有梦想的生活，因为他们觉得这样的生活更有生命力，更容易存活，并且不需要很努力地去实现。在别人为了梦想而起早贪黑，废寝忘食的时候，他在颓废享乐；在别人为了梦想而左右两难，却仍坚持不懈的时候，他则在得过且过。他们觉得既然梦想不能开花，那又何必费尽精力去给它浇水，让它发芽呢。

然而苏格拉底说："世界上最快乐的事，莫过于为理想而奋斗。"一个人只有背负明天的希望，在每一个痛并快乐的日子里，才能走得更加坚强；只有怀揣未来的梦想，在每一个平凡而不平淡的日子里，才会笑得更加灿烂。

一个人若没有了追求，没有了梦想，那么他的一生活过来又有什么意思呢？给梦想一个机会，不管结果如何，那样到老的时候才不会因为自己的碌碌无为而抱憾终生。

2.梦想要远大，不要安于现状

盛大网络创始人陈天桥曾说过这么一段话："当每天收入到100万元的时候，我觉得它是诱惑，它可以让你安逸下来，让你享受下来，让你能够成为一个土皇帝。当时我们只有30岁左右，急需要一个人在身边鞭策。就像唐僧去西天取经一样，到了女儿国，有美女有财富，是停下来还是继续去西天？我们希望有人不断地在边上督促你，应该继续往你取经的地方去，这才是你的理想。"

作为一个创业者，常常会面对诸多的诱惑，诸多的困难，如何才能克服一切干扰，而持续追逐自己最初的梦想呢？这个时候，就要求创业者要仔细分析和掂量一下坚持梦想的诸般好处。

小小成就虽然也是一种成就，也是自己安身立命的资本，但社会的变化太快，长江后浪推前浪，如果你在原地踏步，社会的潮流就会把你抛在后头，后来之辈也会从后面追赶过去。相比起来，你的"小小成就"在一段时间后根本就不是成就，甚至还有被淘汰的可能。

从小学到大学雷军都是成绩优异的好学生，这是靠他不怕吃苦、努力学习换来的。能吃苦只不过是一个人在关键时候能否生存在这个世界上的必备素质之一，但成功不是仅靠能吃苦就能获得的，还需要你有成功的追求和愿望，要敢于跻身百舸争流的洪潮中参与竞争。

　　大学成绩优异的雷军不但得到了老师同学的认可，而且自己编写的程序还被选用在计算机教程里，他成为轰动全校的明星人物。但是简单的校园生活已经无法满足雷军内心中这样那样的想法了，大三时，他就准备"闯荡江湖"了。

　　在武汉大学附近有一条电子街，这是雷军闯荡江湖的第一站。只要一有时间，他就背着一个大包，骑着自行车在这条街上逛。一开始雷军只是想在这条街上学习到一些课堂上所没有的东西，想写出一本全面而且没有错误的程序书，因为那个时候的程序书比较少，质量也不高，总是有许多错误。如果想学个程序的话，需要看上好几本参考书，雷军深深体会过这样的痛苦。

　　这条电子街可谓是雷军的乐园，这里的各种新生事物都深深吸引着他。在接下来的两年里，雷军慢慢地学会了许多东西，也做过许多事，不知不觉中他的技术越来越全面，这就为他今后的创业打下了一个好基础。雷军自己说："那会儿涉猎之广，令我自己今天也很惊讶。我写过加密软件、杀毒软件、财务软件、CAD软件、中文系统以及各种实用小工具等，还和王全国一起做过电路板设计，焊过电路板，解密各种各样的软件。各家电脑公司老板都和我成了熟人，他们有任何技术难题，都愿意找我帮忙。这样，我成了武汉电子一条街的'名人'。"

　　就是那时，雷军认识了王全国。当时的王全国是在一家校办的销售电脑的公司里负责技术支持，打算开发一款加密软件，而且已经在做其界面了，恰好雷军在写加密软件的内核，两人决定合作开发这款加密软件。大约两个星期，他们完成了这款软件的所有编码、界面设计、测试程序以及说明书制作。他们将二人的组合称为"黄玫瑰小组"，这个名字的灵感来自于当时很有名的电影《神秘的黄玫瑰》。在以后研发的每个作品中，雷军也都会署上这个浪漫的名字，"黄玫瑰小组"开始有了点名气，并获得了同行的赞誉，从那时开始，雷军有了打造一家伟大企业的梦想。

如果创业者不满足于目前的小小成绩，他就会充实自己，提升自己，将自己的项目做强做大，为社会做出贡献，进而实现自己的人生价值。一个不满足于目前成就的人，就会积极向高峰攀登，就能使自己的潜力得到充分的发挥。比如说，原本只能挑100斤重担的人，因为不断地练习，进而突破极限，挑起120斤甚至150斤的重担。

对于那些永不停息追求自己梦想的人来说，他们总觉得自己身上还存在某些不完美的因素，因而总是渴望着进一步地改善和提高，他们身上洋溢着旺盛的生命力，从不墨守成规，这使得他们总认为任何东西都有改进的余地。这些人是不会陶醉在已有的成就里的，他们想方设法达到更美好、更充实、更理想的境界，正是在这一次次的进步当中，他们完善着自我，也完善着人生。

远大的理想就像《圣经》中的摩西一样，带领着人类走出蛮荒的沙漠而进入充满希望、生机勃勃的大陆，进入太平盛世。那些满足于现有的生活和被困难吓倒的人，往往就会停止了前进，最终无法到达自己梦想的大陆。

无论是一个社会，或者是一个集体或组织，都不能指望那些满足于一时成就的人会有什么大作为，即使在他们的身体里还有许多的潜能可以挖掘，但这些最终也只会以各种各样的方式白白浪费耗损。

面对一点点的小成就，他们就安之若素，永远只能被眼前的小小成就蒙蔽了眼睛，看不到山外有山，人外有人。也不知道人生还有更多伟大的目标等着去实现。

　　无论是对于一个企业还是一个人来说，安于现状，最终的结果就是逐渐荒废和消亡。只有那些不满足于现状，渴望着点点滴滴的进步，时刻希望攀登上更高层次的人生境界，并愿意为此挖掘自身全部潜能的人，才有希望达到成功的巅峰。

3.要做梦还要脚踏实地追梦

　　拿破仑说过："不想当将军的士兵不是好士兵。"阿姆斯特朗则在很小的时候就对母亲说："我要跳到月亮上去。"这些梦想有的是个人的梦想，有的是人类的梦想，但要实现这些梦想，需要我们志向远大，需要我们持之以恒，更需要我们脚踏实地去追求。

　　2007年12月20日下午，雷军终于卸下了压在肩上16年的负担，面对董事长求伯君和董事会的目光，雷军不得不说自己太累了："从22岁到38岁，在'金山'疯了整整16个年头，这中间的压力很难表达，像马拉松一样，原来是一个目标，只要把公司做好，并且完成IPO(首次公开募股)。"董事会对雷军16年来的辛勤努力，给予了高度的评价："鞠躬尽瘁，功在'金山'。"很少有人能像雷军那样把自己十几年的宝贵青春奉献给一家公司。如今"金山"已经上市，雷军完成了他的一段使命。

　　假如生命明天就会终止的话，你今天还会创业吗？如果对这一问题你能做出肯定的回答，我相信你一定是一个真正热爱自己的事业、热爱创业、渴望成功的人。因为创业中最重要的就是赶紧着手去做，很多机会，不去踏踏实实做，是看不出来，也做不出来的。

康拉德·希尔顿曾经对他的母亲说："要集资100万美元，盖一座以我的名字命名的新旅馆。"然后他还指了指报纸上一大堆地名说："我要在这些地方都建起旅馆，一年开一家。"说这句话的时候，他20岁，也就在那一年，他在美国新墨西哥州圣安东尼奥镇一间堆满杂货的土坯房里，开办了自己的第一家家庭式旅馆。

希尔顿从来都没有忘记过自己的梦想，从开第一家旅馆开始，他就一直在为梦想坚持不懈地努力着。就这样过了20多年。1928年，希尔顿41岁生日这一天，所有这些梦想都一一实现了，并且速度大大超过预期。在达拉斯阿比林、韦科、马林、普莱恩维尤、圣安吉诺和拉伯克都相继建起了以他的名字命名的饭店——希尔顿饭店。

马云说："在中国我找不到一个没有理想的人，但很多人只是空想空谈。"许多人看过很多成功人士的书，听过许多成功人士的讲座，也看他们的传记，但是他们为什么没有成功呢？其实成功人士告诉你一大堆道理，你早就知道，之所以没有成功，只是因为梦想不仅仅是要构想，更要去行动。

就像是那副对联一样："仰望星空，脚踏实地。"2010年"五四"青年节时，温家宝到北大看望大学生，学生书画社社长、哲学系学生李丹琳想到了温家宝那首著名的诗歌《仰望星空》，随即为温家宝书写了"仰望星空"四个大字，但温家宝看完后，却挥毫写下了"脚踏实地"。

人应当懂得仰望星空，否则就会缺少梦想，变得目光短浅，同时我们也应当不忘"脚踏实地",若不然就会缺少把梦想付诸实践的力量,从而变得一无所有。

仰望星空是我们捕捉梦想的开始,脚踏实地则是我们让梦想成真的途径。我们需要用一颗孩童般的心灵去找寻梦的光芒,更需要用成熟和坚忍去实现梦想。既然目标在远方,便只顾风雨兼程,向着天际最亮的星座出发,一步一步,才能摘取梦想。

正所谓"万丈高楼平地起",如果我们做不到脚踏实地,就如同是刚出生的婴儿,没学会走路就想跑一样,结果自然只能是跌倒。一个人要走得远就必须从起点由近及远,要登得高必须从底层一步步往上攀登,要想自己高贵就必须先从卑微开始。

东汉太傅陈蕃,字仲举,汝南平舆人。他的祖父曾经做过河东太守。不过到了陈蕃一辈,家道中落,不再威显乡里。陈蕃15岁的时候,曾经独处于一个小院中读书习文。

有一天,他父亲的一位老朋友薛勤来看他,看到院里杂草丛生、秽物满地,又脏又乱,于是就教育他说:"你这孩子,怎么接待客人的时候,也不把院子打扫一下呢?"陈蕃回答道:"大丈夫身处世间,应当以扫清天下为己任,怎么能把目光放在这么一间小小的院子里呢?"

这个回答让薛勤暗自吃惊,知道眼前的这个少年不一般。感悟之余,就劝道:"你连身边的一间小院都打扫不干净,还有什么能力去扫清天下呢?"以此言来激励他从小事、从身边事做起。

脚踏实地是一切事业的根本,只有立志高远,脚踏实地,艰苦奋斗最终才能成就事业。在生活中,有许多人"半瓶子水乱晃荡",却不知"天下大事,必作于细"。任何伟大的事业,辉煌的成就都是由无数具体的、细小的、平凡的工作做起的,不愿干平凡工作的人,不仅不能成就伟大的事业,而且会因此一事无成,正所谓"道虽迩,不行不至;事虽小,不为不成"。成功都是需要积累的,不积跬步,无以至千里;不积小流,无以成江海。

4.自强不息,方能主宰沉浮

中国有句古话叫"笨鸟先飞",比喻的是那些能力平平但是怀揣理想的人要想实现自己的梦想就一定得付出更多的努力,以弥补自己与别人的差距。被称为"最勤奋的CEO""IT界的老黄牛"的雷军,从来不缺少业内业外对他勤奋的肯定,他曾这样说:"天才之所以是天才,绝不是我雷军这样的凡夫俗子靠勤奋所能达得到的,但是我仍然有一点点不死心。"

这是雷军的一句名言,他承认自己不是一个天才,但是他付出了更多的努力去拉近他和天才们之间的距离。成功是辉煌的,成功是令人向往的,天资是由天决定的,我们无能为力,机遇是不期而来的,我们也难以安排,只有勤奋这一项完全是由我们自己决定的,我们必须在这一项上狠下功夫。

既然与别人相比自己的确存在一些劣势,那就让勤奋来弥补吧。这其中的艰辛是不言而喻的,但是想要有所收获这是一条必经之路。毕竟天才是仅有的一小部分人,而作为普通大众的我们要想实现自己的成功之梦,唯有不断地努力,勤奋刻苦学习。

勤奋的人,不一定事事都能成功,但是成功必定属于勤奋者。

1969年，雷军出生在湖北仙桃一个教师家庭。他从小就是一名好学生，勤奋刻苦的精神似乎与生俱来。小学升初中、初中升高中直至高中升大学，雷军的成绩始终名列前茅。18岁的雷军以优异的成绩进入武汉大学，就读计算机系。走进大学的第一个晚上雷军就去上自习，后来每天早上7点钟去教室占座位，总要坐在最好的位置上听课。他甚至利用午睡的时间来完成自己制订好的学习计划。这样做的结果：雷军用两年就读完了别人四年才能读完的课程，并几乎包揽了学校所有的奖学金项目。

回忆起自己的学生时代，雷军解释了他为什么如此勤奋地学习的原因。他总结道："因为我对自己不自信，能够找回自信唯有通过自己的努力。我当时也想利用大学的成绩证明我的优秀……我特别害怕落后，怕一旦落后，我就追不上，我不是一个善于在逆境中生存的人。我会先把一个事情想得非常透彻，目的是不让自己陷入逆境，我是首先让自己立于不败之地，然后再出发的人。"

雷军对大学生活的评价是"没有虚度光阴"，"席卷了武汉大学所有奖学金，这个真的不吹牛。"他先后获得了"挑战者"大学生科研成果三等奖、武汉大学三好生标兵、光华一等奖学金以及两次湖北大学生科研成果一等奖等荣誉。

武大是国内最早一批实施学分制的大学，只要修完一定的学分就可以毕业。刚上大学，雷军就开始选修了不少高年级的课程。仅用了两年时间，就修完了所有学分，甚至完成了大学的毕业设计。

不只是着眼课业，雷军在业余时间也在不断挑战自己。大学时候他一年可以在报刊上发表30余篇文章。这种成就至今让他颇为自得，发文章不是撞运气，为了提高投稿被采用的概率，他会将每本刊物的定位、编辑的喜好，都研究个透彻。

大学四年,生命中最青春、最激情四溢的年华,带给雷军的是紧张与不间断的追赶。他记得很清楚,大学班上百十来号人,他入学的成绩是第24名,毕业的时候是第6名。

多年来,雷军最爱的一段话是《钢铁是怎样炼成的》一书中讲到的,这段话现在的年轻人可能已觉得陌生,但却不能掩盖其绚烂的色彩:人最宝贵的是生命,这生命给予我们每个人只有一次。人的一生应当这样度过:当他回首往事的时候,不因虚度年华而悔恨,也不因碌碌无为而羞耻。这样在临终的时候,他可以说:我的整个生命和全部精力,都已经献给了世界上最壮丽的事业——为人类的解放而奋斗!

雷军的这段经历告诉我们:任何人做任何事都离不开勤奋。勤奋是成功之舟,正因为有勤奋的精神,才使没有天资的人,照样可以有作为;但若有天资,却不注意后天的培养,不勤奋学习,那么就不会有什么作为。我们都说"勤能补拙",勤奋的确可以弥补一个人的缺点,通过不断努力,那些没有天资的人同样可以获得成功。

当你看见别人获得成功的时候,千万别以为那只是运气,他人成功背后一定有你不曾知道的付出,那个付出就是勤奋和努力。

"松下电器"的创始人松下幸之助在回忆自己事业初创时说过这样一段话:"当年创业的时候,我对自己说要好好努力,多比别人付出一些。只是埋怨辛苦是不会出人头地的,现在拼命努力,将来一定有出息。因此,当我在冬季结冰的天气下做清洁工作时,虽然感到很辛苦,但转念一想,这是需要我去忍耐的,努力干吧,将辛苦化为希望。"所以,勤奋和努力成了"松下电器"对员工的最基本的要求,松下幸之助用自己的经历告诉大家:只要你肯付出,成功就在前方不远处。

高尔基说过："天才就是勤奋。人的天赋就像火花，它既可以熄灭，也可以燃烧，而迫使它熊熊燃烧的办法只有一个，那就是勤奋。"所以，那些自认为没有天赋的朋友不要悲观，要相信，只要付出勤奋的劳动，就一定会获得丰硕的成果；而那些很聪明的朋友们，也不要在夸耀声中骄傲，要明白"一分耕耘，一分收获"的道理，没有耕耘，是不会在丰收的季节获得硕果的。

成功，说来容易，做到却很难。狄更斯曾经说过："我决不相信，任何先天的或后天的才能，可以无须坚定的长期苦干的品质而得到成功的。"俗话说，付出才有回报，耕耘才有收获。勤奋是成功的阶梯，成功是勤奋的结果，只要我们勤奋学习，勤奋探索，勤奋实践，什么事情都一定会成功的。你在付出时越是慷慨，得到的回报就越丰厚，在成功这条路上没有捷径可走。

5.寻找激情，助燃梦想

每个人都有自己的梦想，在实现梦想的途中，有很多东西在以不同的方式阻碍你实现梦想。这时，我们就需要寻找一份激情，激情是一种信念，也是一种动力。每个人的潜能和创造力是无限的，当这些能力被激情激发释放出来后，人能够实现的价值也是无限的。有激情才有成就，没有了激情，就注定了只有灰色的未来。

有些企业刚刚成立的时候，企业家都踌躇满志，但是在满怀激情地创下一方天下以后，就自满起来，以致失去了激情不思进取，有的被现实打击失去了斗志，最终被市场所淘汰。

雷军说："我原来不成功，今天也不成功，我可以做得更好，但是没达到。在我看来，我是失败的，很多人都说我是成功者，但我感受不到。我是一个成就驱动型的人，这样的人，能够忍受各种痛苦，充满激情。"可见激情是一股伟大的力量，你可以利用它来补充你的精力，并塑造出一种坚强的个性。有些人很幸运，天生就极富激情，有些人则需要努力挖掘才能获得。

自从雷军加入"金山"以后，整个"金山"团队都变得疯狂起来，充满干劲。雷军说："我在'金山'工作的16年，每天十几个小时，每周7天，我把全部的心血和热情都倾注在这家公司里。同行评价我是一个疯子带着一群疯子。'我的青春，我的金山'，每每想到这句话，我都是感慨万千。"

2001年9月，"金山"和"疯狂英语"合作，决定打进英语教育市场，于是举办"金山、李阳英语疯狂夜"。在这个活动开始前20分钟，雷军还在开董事会，会议刚刚结束，他就赶到了会场。他的双眼布满血丝，看得出来很累，但还是风风火火，充满激情。活动现场一片沸腾，李阳魅力依旧，疯狂依旧，雷军则是意气风发，慷慨激昂。雷军的声音有些沙哑，但激情不减，他说："中国已经成为全世界最大的英语学习市场。金山公司从1996年起就开始研发英语电子词典和翻译软件，作为民族软件业的代表，我们始终致力于为12亿中国人提供最实用的工具和娱乐软件。我们希望'金山'的产品能帮助更多的中国人学好英语、走出国门，为中国的国富民强和国际化踏实地贡献我们的力量！"这番讲话让到场的两万多名金山词霸的忠诚用户和英语爱好者激动不已，为之疯狂。

由此，金山词霸的销售业绩猛涨，拉开了金山词霸与李阳疯狂英语强强联手、完美合作的篇章。同时推出的《金山词霸2002》和《金山快译2002》成为金山公司与李阳疯狂英语发布的首款联合品牌产品。在初期推出的产品中，除了最新发布的《金山词霸2002》和《金山快译2002》外，还包括李阳疯狂英语教材和CD的精华版。这一系列产品掀起了一股前所未有的英语学习热潮，同时也预示着金山公司新产品的巨大成功。

雷军说："我是在与自己竞争，如何让人去买金山词霸升级版本。大家都觉得产品已经不错了，不必买新版本了。我要让每一个版本看起来都是新的，就像有一百多年历史的可口可乐，充满了品牌的活力。我要赋予金山词霸新的生命和新的色彩，让她重新'疯狂'起来。"

对雷军而言，最初的激情到现在也没有改变。在国产软件步履维艰的现实条件下，"金山"走出了一条"曲线救国"之路。一度被视为"中国微软"的"金山"，从办公软件起步，经历19年风雨后，成功上市。"金山"走过的道路就是中国民族软件产业发展的艰难历程。而"金山"，正是在雷军的带领下，坚持自己的理想，在激情永不退的信念下坚持到今天。

现在的雷军不再考虑自己是不是中国最杰出的程序员，他更想成为中关村最棒的CEO。人一旦有了理想，就有了拼搏的动力，而动力是需要激情去维持的，雷军的激情不但成就了自己的梦想，也让他一手打造的"金山"散发出勃勃生机。雷军在一封名为"致全体金山人"的邮件中，对全体员工说道："经过了长达8年的上市准备，我们终于迎来了这一刻，这一刻属于每个金山人，没有大家的努力拼搏就没有今天的幸福时光，19年的春去秋来，时间没有在我们的脸上留下印记，我们依然像刚创业时一样，充满了激情和活力！"

没有激情就实现不了梦想。也许很多人都有着极大的工作激情，但是不是都能一如既往地保持下去呢？当日复一日，年复一年地重复做着单调的事情，日益繁多的工作压得自己没有空闲可以喘息，很多人开始丧失最初的满腔激情、昂扬斗志，有时连基本的工作都应付不来，更谈不上实现理想了。成功不仅要有激情，还需要将这种激情一直保持下去。那些成功的人用自信、务实的态度和精神来诠释着激情，实现着梦想，完成使命。

激情的力量很神奇，它可以让人完成看似不可能的事情，成就心中的梦想。更重要的是，激情反映了你对所从事的工作的热爱。成就一番事业是每一个人生命价值的体现，也是用你的智慧和能力去服务天下人的最佳方式。没有激情，就不可能全身心地投入到你爱的事业中去，最终只能一事无成。相反地，如果一个人能够充满激情地去工作，必然会将自己的全部精力投入其中，哪怕面对再大的困难，都可以无所畏惧、勇往直前，从而实现自我价值、实现梦想。

有这样一个人，身材不足一米六，却被称为"电子时代大帝"，他24岁时成立软体银行，投资过约800家互联网中小企业，在过去10年中的投资回报达九倍之多，是网络业中全球投资回报最高的企业。他就是孙正义，软银集团的创始人，现在是该公司的总裁兼董事长。他在不到20年的时间内，创立了一个无人相媲美的网络产业帝国，成就了无数互联网人的梦想。

据孙正义自己透露，他投资的互联网企业中有一百家破产了，但绝大多数生存了下来，相当一部分如阿里巴巴、雅虎等更取得了超级成功。在他看来，失败不是最致命的打击，失败的企业与成功的企业相比，除了运气的因素以外，主要的原因在于管理层是否有创业激情。那些成功的企业凭借创业激情，总是能够吸引人才，找到解决困难的方案，渡过难关。

领导者的激情一般都是来自于挑战，大多数领导者总是乐于寻求富有意义的挑战，希望所做的事情能够挑战自己的能力极限。有人说孙正义是个疯子，他自己也更喜欢疯子。在孙正义看来，自己的创业是先有激情，然后设立愿景，最后确立战略的。创业就是充满挑战的，充满激情的孙正义敢于接受挑战，终于实现了梦想，收获了成功的果实。

激情是生命力的象征，有了激情，梦想就有了希望。人的价值可以通过成就一番事业的方式来实现，创造的价值越多，收获的回报也越多。有时候你无法控制自己的工作环境，但是你可以选择自己的应对方法。只需要稍微努力，你就可以让自己开心起来，并带着激情继续自己的工作。

每个人每一天都要工作、生活，如果以消极的态度去面对，换来的只能是一般的结果甚至更差；如果我们能抱着积极的态度，把每一天当作新的一天来看待，保持对现有工作的敬仰和对未来的不懈探索，那么潜伏在内心的激情，会随着我们的全身心投入而点燃。无论从事什么工作，只要点燃内心的激情，它就会引领我们成就自己的梦想。

6.从绝望中寻找希望的曙光

成功路上,面对坎坷波折,难免会生绝望之心,但是这一切都是暂时的,你要明白的是:你要给自己一个希望,努力从绝望中寻找希望的曙光。希望,其实就是在那种想要获得成功的迫切心情的驱使下,唤醒自己奋斗的力量,坚定不移地走下去。的确,只要心中有希望,就会有足够的动力,努力朝着那个所希望的事物一步一步地靠近。

1992年,雷军加入"金山",带领"北京金山"进行"盘古组件"的开发。这个项目耗资几百万元人民币,集中了来自全国各地最优秀的软件工程师,开发时间长达3年之久,欲与微软的Word一争高下。可是软件在1995年推出后,并没有达到预期的目标,只卖出不到2000套。"金山"大伤元气,巨额投资打了水漂,已经没有什么资本能与对手继续周旋下去了。雷军第一次感到了绝望,他提出辞职,但是公司并没有批准,而是放了他6个月的长假,让他好好休息一下。很多人都以为雷军不会回来了,可是假期结束后,雷军按规定日期回到了"金山"。他的归来也让整个"金山"团队看到了希望。这次雷军调整了战略,不再做像"盘古组件"那样的大型软件,而是去研发那些实用性强、投资少的小型软件。这个路线让"金山"打了一次漂亮的翻身仗。金山毒霸、金山词霸等小软件迅速走红,雷军终于松了一口气。

雷军应该比谁都理解"金山"所面临的挑战,他本身是经历过无数风风雨雨的，但是他有耐心、有毅力、有勇气，将"金山"从一条羊肠小路领上了宽广大道。雷军这种不放弃希望的心态令许多创业者大为叹服，因为雷军用事实告诉我们：只要怀有希望，一切就皆有可能。

"金山"的大小会议室几乎都以毛主席诗词命名，其中雷军最喜欢的一间为"沁园春"，墙上贴着伟人激昂的诗词："千里冰封，万里雪飘"，"欲与天公试比高"。这种"欲与天公试比高"的气势让雷军带领"金山"在夹缝中生存，在重重困难中寻找出路，在绝望中寻找希望。"金山"上市后，雷军在写给全体员工的信中表示，"'金山'翻开了新的一页"，但无论是第一阵营还是第三梯队，绝不会让"金山""以快乐、轻盈的步伐开始乘风破浪"。

正是这种在任何困境下都不放弃希望的心态让雷军成为一个永不服输的人。就在他离开"金山"这个曾被自己视为生命的地方时，他仍然能很快调整自己的心态，重新寻回希望。那个时候，他忽然间把很多东西都想通了，心态也调整好了。没有"金山"，但是生活依旧充满美好的希望，雷军说："其实没什么，人家原来是看着'金山'，不是看着你雷军。没关系，我会卷土重来的，等我把天使投资做起来以后，我发现大家看我的眼光变了，因为在另外一个领域里，我可以做得更好。"

做"天使投资人"的雷军，成绩斐然，凡客诚品2010年的估值已经达到10亿美元，UCWEB与多玩网差不多在2亿~3亿美元，其他投资公司加在一起也超过了1亿美元。如果雷军在这些公司平均占股10%~30%，他无疑是最成功的投资人。后来他带领"小米"团队开发了智能手机，不久小米科技就遭受了严峻的挑战，小米手机的核心功能——"米聊"刚发布一个月就遭受了来自腾讯微信的巨大压力。

谈到"米聊"和微信的竞争时,雷军表示,微信其实就是换了界面的QQ,服务器和后台都不需要更换,也拥有巨大QQ用户群的支持,这是腾讯的核心业务。而"米聊"的研发需要从头做起,指望一个小团队短期挑战腾讯这样大的公司并不现实,但被称为"老革命"的雷军并没有因为腾讯的压力而怀疑"米聊"的未来,他乐观地面对这一切,他对"米聊"的发展充满了希望。

人活着不能没有希望,否则会像失去控制的小船,随波浮沉。若有了希望,便有了前进的动力,有了战胜困难的勇气,有了奋勇拼搏的力量,也就拥有了成功的可能。

的确,当你为着自己的希望而努力时,你会觉得仿佛有用不尽的精力,慢慢地,你会发现,自己正越来越接近于成功。无论经历多少风雨与苦难,我们都不应轻言放弃,而应调整好心态,从绝望中寻找希望,激励自己努力拼搏,不断超越!

当遭遇批评、挫折时,你是让坏情绪困扰你,影响你的生活,整日闷闷不乐呢?还是勇于接受,充满希望地去奋斗、去拼搏?对未来充满希望,我们便能以正确的心态面对任何问题。的确,希望如灯塔,照亮前行的方向;希望如清泉,唤醒心中奋斗的力量;希望如春风,为成功播撒了种子。在任何时候都不要放弃心中的希望,用积极的思想提升自己的心灵境界,也许成功就在眼前。希望,会化解所有的困难,最终属于你的,只有成功,绝没有遗憾。

7.坚持不懈,切忌半途而废

　　每个人都有梦想,都有追求成功的权利,但是有多少人能真正坚持追寻自己的梦想,获得成功呢? 在成功的道路上,如果你没有耐心去等待成功的到来,那么,就只能用一生的耐心去面对失败了。

　　成功从来都不是一蹴而就的,任何伟大的成就都是经过持之以恒的努力才得到的。只有不轻言放弃,始终坚持不懈、不畏艰险,才能取得伟大的成就。成于坚持不懈,败于半途而废。可以说,没有坚持到底的失败者,没有半途而废的成功者。

　　巴斯德有句名言:"告诉你使我达到目标的奥秘吧,我唯一的力量就是我的坚持精神。"每个人都有梦想,有些人认为不切实际,不可能实现,觉得梦想离自己太过遥远,因此自暴自弃,半途而废,一生都碌碌无为,徘徊不前。

　　雷军18岁时在武汉大学图书馆看了《硅谷之火》,这本书讲述的是一群计算机业余爱好者在硅谷发起的一场技术革命,带来了整个电脑技术的变革。从那以后,雷军便有了IT情结,他早在看《硅谷之火》的时候,就深信互联网即将改变世界,雷军认为互联网将会给"金山"第二次生命。

　　中国有句老话:有志之人立长志,无志之人常立志。仔细想来,是很有道理的。如果一个人,能够坚定地向目标迈进,做事专注,不因任何困难而退缩,从来都不知道"半途而废"为何物,那么整个世界都会为他让路。做事切忌"三天打鱼,两天晒网",做事不能半途而废。如果你已经认定了一件事情,就要把这件事做好,不管付出多大的代价,也不能轻言放弃。

大学时代,雷军曾经有过创业的经历,所以他深知想要做成一件事情尤其是做一个伟大企业不可能一帆风顺,创业者必须要有耐心,能够坚持不懈地走下去,才有成功的可能。为了使"金山"能成为一家伟大的公司,雷军用尽了自己全身的力气,16年,对于雷军来讲,这种劳模式的生活实在不稀奇。期间,"金山"经历了无数次的风雨和考验,雷军的坚持态度让"金山"能够数次起死回生。

雷军说想要改变一个公司的基因不是一件容易的事,他想把"金山"转型为一家IT公司不是一件短期内就能完成的事。雷军多次把互联网的概念引入"金山",但它终究脱不了一家软件公司的底子。1999年,雷军还以金山公司为股东参与创建了卓越网并担任董事长,但在2004年,"金山"董事会不同意继续投资卓越网,雷军被迫把它出售给亚马逊。

而后,"金山"将业务重心转向开发网游。历经两年的时间,"金山"的转型才见到成绩,网游为"金山"提供了继续前进的保障。"金山"在一个充满着无限机遇和动荡的网游市场中的表现将直接决定其今后的命运。事实证明,雷军坚持选择互联网的道路是正确的,尽管这条路走得如此艰难,但是雷军从没有想过要放弃。"金山"在2007年第一季度的收入便是2004年全年收入的近10倍,正是因为网游的不俗成绩促成了"金山"的成功上市。

"金山"的成功上市,让所有"金山"人都激动不已。而此时,雷军决定离开"金山",其中有一个重要的原因就是雷军和"金山"其他领导者对其未来的发展理念产生了分歧,因为雷军坚持要走互联网的路线。雷军开始反思为什么自己当时没有抓住互联网这个机会,"我反思的起点是卓越网。卖掉卓越网对我是个很大的打击。有半年的时间，我非常痛苦，有卖儿卖女的感觉。互联网来了，不做互联网就OUT了，巨大的危机感促使我动手做卓越网。先是作为'金山'一个业务部门试一试，等到我完全想透要做电子商务的时候，'金山'董事会不同意……"别人做互联网的时候，他继续做软件。他一边做软件一边做互联网的时候，又错过了互联网发展的黄金时间，最后还被软件公司给绊住了。离开"金山"后，雷军忽然清楚了他要坚定目标，坚持不懈，不能半途而废。

离开了"金山"，雷军做了一名投资者。他对创业仍有敬畏之心，不参与具体的公司管理和运营，转向幕后。雷军说："我当时拎着一麻袋现金看谁在做互联网，第一名不干，找第二名，第二名不干，找第三名。"雷军已经看好了两个方向：电子商务和移动互联网。所以他投资了乐讯、乐淘、多玩、多看和凡客诚品，并接任为UCWEB董事长，他成为了一名成功的"天使投资人"。2010年，雷军又有新动作，他要以互联网的方式来做智能手机。尽管遭到许多人的质疑，但他还是坚持做下去。这么多年，雷军对互联网的钟爱从来没有改变过，经历了无数的困难后，他依然耐心地等待机会、勤恳地努力着，最终实现了理想。

实际上，只要我们注意观察，就会发现，那些能获得成功的人都是有耐心、肯真正坚持不懈的人，他们都曾以一种惊人的耐心忍受着不成功的现实和生活，直至成功。的确，只有脚踏实地，坚持不懈，才能成为真正的成功者。就像雷军一样，正是因为他对互联网的坚持，才实现了自己做一个伟大企业的理想，才有了小米手机这个让大家眼前一亮要与"苹果"一争高低的智能手机。

人生最遗憾的莫过于做事做到离成功只有一步之遥却忽然停

下了。一些人有美好的理想和为之奋斗的精神，开始时有积极行动的勇气，却缺乏等待胜利果实到来的耐心，一遇到困难就害怕、退缩，半途而废，最终一事无成。只有坚持到底，不动摇、不后退，我们才能一步一步前进，在胜利的道路上越走越远。

第四章

重视协作,"雷家军"的内部管理

....

1.真正的成功来自和谐团队

个人英雄主义的时代已经终结,曾经的家族企业靠一个教父式人物包打天下的时代已经渐行渐远,而建设企业团队,发挥团队的力量,已经成为企业界的主流认识。任何一个企业,要想发展壮大,都不可能靠一个人的力量,而必须要靠组织的力量,团队的力量,高效而有执行力的团队组织是未来企业参与市场竞争的重要筹码。

现今是一个追求个人价值的时代,更是一个追求个人价值实现与团队绩效双赢的时代,只有当一个团队拥有高度的战斗力时,其中的个人才能才会不断得到锻炼和提升。这正如一粒粒珍珠变成一串项链的过程,而这不可或缺的主线就是"团队精神"。在今天的企业界,靠个人单打独斗已经很难赢得市场的决胜权,只有通过团队的力量才能提升企业整体的竞争力。

　　陈飞舟是金山毒霸的第一代研发负责人,他带领着二三十人完成了整个金山毒霸的研发。当时,整个开发团队的压力很大,当瑞星一年甚至一年半才升级一次的时候,金山毒霸每半年就升级一次。2000年,金山毒霸确定目标,要做互联网上最好的杀毒软件。所以,整个团队每天就像打仗似的,几乎所有团队成员都住在办公室里,没日没夜地疯狂工作。能够承受这样强度的工作量和压力是因为这支队伍从内心热爱这份事业,他们把自己的成长和毒霸品牌、毒霸业务的成长牢牢地绑在了一起。在陈飞舟的办公桌上有这样一个纸条,上面写着:我的青春,我的毒霸。

　　雷军说:"在我心里,金山毒霸是一支战无不胜的团队。"在他看来,这支面对重重困难、能顶住巨大压力的团队一定能够打一场漂亮的硬仗。金山毒霸发布后仅仅用了两年时间,就拿下了杀毒市场的半壁江山。

　　雷军说,一个有着20多年历史的公司确实会遇到发展上的瓶颈,都是靠着团队的力量才能渡过一次又一次险境。作为企业的一分子,一名优秀的员工应该能自觉地找到自己在团队中的位置,能自觉地服从团体运作的需要,能把团体的成功看作发挥个人才能的目标。他不是一个自以为是、好出风头的孤胆英雄,而是一个充满合作激情,能够克制自我、与同事共创辉煌的人。因为他明白离开了团队,他将一事无成,而有了团队合作,他可以与别人一同创造奇迹。

　　蒋志国是一家营销公司的优秀营销员。他所在部门的团队协作的精神十分出众,因此,每一个人的成绩都特别突出。

　　后来,这种和谐而又融洽的合作氛围被蒋志国破坏了。

前一段时间，公司的高层把一项重要的项目安排给蒋志国所在的部门，蒋志国的主管反复斟酌考虑，犹豫不决，最终没有拿出一个可行的工作方案。而蒋志国则认为自己对这个项目有十分周详而又容易操作的方案。为了表现自己，他没有与主管磋商，更没有向他提出自己的方案，而是越过他，直接向总经理说明自己愿意承担这项任务，并向他提出了可行性方案。

他的这种做法严重地伤害了部门经理的感情，破坏了团队精神。结果，当总经理安排他与部门经理共同操作这个项目时，两个人在工作上不能达成一致意见，产生了重大的分歧，导致团队内部出现分裂，团队精神涣散了。项目最终也在他们手中流产了。

一个团队的伟大并不是由于某个成员的伟大，而是他们作为一个集体的伟大。正如海尔的张瑞敏说过：就单个员工而言，海尔员工并不比其他企业员工优秀，但能力互补、具有良好团队合作精神的"海尔团队"的确是无坚不摧的。

在现代社会，团队的凝聚力远远大于个人的单薄力量。任何具有重大意义的科学研究、理论探索、技术工程等，都不可能凭借个人单枪匹马奋斗完成。

秋去春归的大雁在飞行时总是结队为伴，队形一会儿呈"一"字，一会呈"人"字，一会又呈"V"字，它们为什么要编队飞行呢？

原来，编队飞行能产生一种空气动力学的节能效应。一群由25只编成"V"字队形飞行的大雁团队，要比具有同样能量但单独飞行的大雁多飞70%的路程。也就是说，编队飞行的大雁能飞得更远。

当大雁向下扑翅膀时，在它的翼尖附近就产生了一种上升流，每一只在编队中飞行的大雁都能利用到邻近它的另一只大雁所产生的这股上升流,因此大雁只需消耗较少的能量就能飞翔。大雁的这种行为并不是出于它们对这种上升流的理解,而是感觉到这样飞行时不太费力,只需要调整它们的飞行姿势就行了。

以水平线飞行的大雁也可获得这种邻近升力,但以这种方式飞行时,中间的那只雁要比排列在任何一侧飞行的大雁获得更大的上升助力。而在"V"字形编队中,这种升力的分布相当均匀,虽然领头的雁所受到的空气摩擦力要比后面的那些雁大,但这一点由排在两侧飞行的大雁所产生的上升流弥补。那么排在"V"字形队末飞行的大雁只能从一侧获得这种上升流,它消耗的能量是否多些?并不是这样,因为其他的大雁都在它的前面飞行,所以这种来自一侧的上升流是相当强的,而且大雁的这种"V"字形编队不需要绝对的对称也能具有这种升力特性,即排列在一侧的雁可以比另一侧多一些。

一滴水是微不足道的,整个大海却是无限的。一个人的力量是有限的,集体的力量却是巨大的。真正的成功来自和谐团队,只有企业中的整个员工队伍紧密团结起来,才会产生巨大的力量和智慧,最终走向胜利并获得幸福的人生。

2.把网罗人才放在第一位

2011年8月16日,小米开始手机硬件设计制作仅仅一年的时候,他们发布了第一款小米手机。最关键的是,按照小米董事长、CEO雷军的说法,这是一款性价比极高的智能手机。

能够成就如此小米速度的，是小米公司那7个堪称豪华的联合创始人团队。雷军是金山软件的董事长，也是著名的天使投资人。林斌曾是Google研究院的副院长，洪锋曾是Google高级工程师，黄江吉曾是微软工程院首席工程师，黎万强曾是金山软件人机交互设计总监，金山词霸总经理，周光平曾是摩托罗拉北京研发中心总工程师，而刘德是一位自世界上顶级设计院校美国艺术中心设计学院毕业的工业设计师。

雷军是如何组织起这样的联合创始人团队，怎么找到这些合作伙伴，又是如何说服这些合作伙伴来和他一起创业？我们来看小米诞生之初的这些故事。

雷军

雷军从2006年就开始了对移动互联网公司的投资，他投资的第一家互联网公司是乐讯(lexun.com)，2007年雷军又投资了UCWEB和一系列的公司。当2007年1月，苹果公司发布了iPhone一代，2007年6月产品正式上市，雷军第一时间就买了回来使用。按照雷军的话说："我很受刺激，觉得手机居然还可以这样做？"雷军怕自己的体验不具代表性，他干脆买了20部iPhone回来，送给了20个朋友。三个月后雷军发现，其实只剩下他和另外一个朋友在用。雷军这时候觉得，iPhone做得太超前了，很多细节没做好，不好用，但是苹果的iPhone打开了雷军的思路，雷军发现未来的移动互联网，将会是软硬件一体化的体验，软件将帮助硬件发挥更大的作用。而单独做软件，其实将会受很大的局限。雷军从那个时候开始就在想：谁能做出一台更好用的手机呢？

在2007年、2008年的时候，中国的移动互联网还不像今天这样红火。但是雷军已经看到了移动互联网就是未来，尽管当时很多人只是认为，雷军不过是为了他投资的UCWEB等项目做宣传罢了，但是实际上当时雷军就已经认定，手机在未来很长一段时间之后，将会替代PC成为大家最常用的计算工具。移动互联网在中国的真正开始，其实是在2009年、2010年，雷军先行几年，他已经开始思考，如何去做一台属于自己的手机的问题了。

到了2009年年底，雷军说他已经快40岁了，想干点事情，因此开始认真考虑如何把手机做出来的问题。雷军说他在这件事情上是先下定决心去做，然后才去考虑如何做的。让雷军下定决心的是他感觉到了这个行业里一些未来的变化趋势，他看好的就是手机会替代PC，还有手机工业的进一步互联网化。雷军觉得，他的手机之梦，终于时机成熟了。他要开始为了这个梦想，构建队伍。

林斌

曾任Google中国工程研究院副院长，工程总监、Google全球技术总监。在任期间全权负责Google在中国的移动搜索与服务的团队组建与工程研发工作。再早一些时候，林斌是微软工程院的工程总监，可以说是当今软件产品和互联网产品技术领域数一数二的人物。

雷军认识林斌，是在2008年。当时林斌想推动Google和UCWEB之间的合作。雷军惊讶地发现，林斌有发自内心对产品的热爱，林斌在Google所做的工作和产品都非常"下功夫"。那个时候，雷军开始经常去找林斌聊天，两个大男人经常在一起挑灯夜战，聊到凌晨一两点。聊着聊着，两个人从合作伙伴聊成了好朋友。

有一次，雷军和林斌聊天时，林斌透露："我想出来自己创业了，做一个互联网音乐的项目，你看怎么样？"

雷军听后大喜，对林斌说："别做音乐了，音乐我们投点钱，别人干就可以了,没意思。咱们一起做点更大的事情吧!"就这样,被人们亲切地叫作Bin的林斌,第一个登上了雷军的"小米战船"。

阿黎

阿黎就是黎万强。这个广东人喜欢人们叫他阿黎。

阿黎在2000年大学一毕业就加盟了"金山"。历任金山软件的人机交互设计总监,设计中心总监和金山词霸事业部总经理。在金山10年职业生涯,从一个设计师成长为一个百余人规模事业部的领导者,这其中既有阿黎自身的能力,也有雷军对阿黎的提携。

和雷军10年的共事关系让他们的私交非常好。当时正是2009年年底,阿黎决定辞职离开"金山",他找到亦师亦友的老领导雷军,告诉雷军说他要去做商业摄影,自己创业了:"你觉得我这个创业方向怎么样?"

雷军说:"我这里也有个方向,要不你来跟我一起干?"

阿黎说道:"没问题。"

雷军反问阿黎一句:"你知道我要干吗,你就这么答应了?"

阿黎说:"你要做手机。"

雷军笑了。

KK

黄江吉,人们都叫他KK。KK还不到30岁就成为微软工程院的首席工程师。但当时已经在微软工作13年的KK,面临一个选择,是创业还是留在微软继续干?留在微软是留在中国还是去美国?

已经决定和雷军合作的林斌曾经是KK在微软的同事,林斌了解到KK所面临的情况,把KK介绍给了雷军。

当时在北京知春路上的翠宫饭店的豹王咖啡里,雷军和林斌两个人一起拉着KK聊天。雷军丝毫没提创业的事儿，就是和KK一起聊各种电子产品，从手机到电脑，从iPod到电纸书。三个人一聊就是几个小时，雷军毫无保留地展示了自己作为一个超级产品发烧友的素质。KK当时就震惊了："当时我以为我是Kindle的粉丝，但是没想到雷军比我更了解Kindle。当时为了用Kindle，我还自己写一些小程序去改进它，结果没想到雷军也是这样的疯狂，他甚至把一个Kindle拆开，看里面的构造怎么样。"

那天，他们一共聊了4个半小时。KK已经能够判断出，对面坐的两个人是要做点什么事情的，虽然KK还不知道他们具体要做什么，但是在临走之时，KK说道："我先走了，反正你们要做的事情，算上我一份！"

洪锋

说到洪锋，用雷军的原话就是："你接触他你会压力很大，他没有表情，他随便你说，你不知道他怎么想的。但他是一个聪明绝顶的人。"

洪锋在他上小学的时候就开始学习计算机，编写程序来解决实际问题。洪锋最令人惊奇的经历就是他在利用20%的业余时间，和几个人一起做了Google3D街景的原型。洪锋在美国Google的时候，是高级工程师。后来回到中国，在中国谷歌，他又是第一产品经理。他所主持开发的谷歌音乐，成为了中国谷歌为数不多的饱受赞誉的产品。

这样的一个人很强势。林斌说洪锋很强，雷军想要见见洪锋，算是面试吧。但是没想到，实际上成了洪锋来面试雷军。

洪锋准备了上百个问题来问雷军，越问越细致，越问越难。雷军发现洪锋提的问题比他们自己提到的问题都要细致，雷军也就越来越想要拉洪锋入伙。雷军终于明白，其实对于洪锋，不是雷军在想办法找他一起创业，而是洪锋在面试雷军作为一个老板靠不靠谱。

雷军告诉洪锋：雷军是谁，他打算怎么做手机，还有小米能给洪锋什么。

谈话最后，洪锋说："这件事情够好玩，梦想足够大。或者说你可以说这件事情足够的不靠谱，因为它太疯狂了，你觉得这个事情从逻辑上是靠谱的，但是从规模上和疯狂程度上来说，是绝对的不靠谱。这很有挑战性，我决定来挑战一下。"

刘德

本来，刘德并不在雷军的人才规划体系里面。雷军不认识刘德这样的人，而且，雷军甚至认为他根本请不起刘德这样的人才。

然而凑巧的是，洪锋的太太，认识刘德的太太，洪锋认识雷军之后，就想到了刘德，这个美国艺术中心设计学院毕业的牛人。当时刘德在美国过着悠哉游哉的中产生活，安逸得不得了。洪锋故作神秘地跟刘德说："来和几个朋友聊聊天。"在2010年5月，因为回中国办事而到北京的刘德，抽空来到了当时在北京北四环边上，银谷中心大厦的小米公司，见到了雷军、黎万强，和后来才正式加入小米的林斌和黄江吉，大家从下午4点一直聊到午夜12点。

聊完之后，刘德说："这事儿挺好，我又能帮上你什么呢？"而雷军说："我们想拉你入伙。"但是对于刘德来说，如果来和雷军共同创业做小米，意味着他要放弃他在美国开办的公司，在美国的舒适生活，以及当时一切正常生活轨迹都要放弃，而做"小米"这个事情，也只是有可能成功而已。

对雷军来说，他与刘德聊完之后当晚也根本没睡着，有些纠结。他觉得小米还不到做一款有世界水准的、顶级工业设计的手机的时候。他觉得对于刚刚开始办公才一个月的小米来说，顶级设计还有些遥不可及。

不过刘德回到美国后，开始去仔细思考这个机会。"这么多年来我都是自己干的，非常累，就是因为没有一个好团队。"刘德说，"我非常愿意加入这个团队，因为找到一个好团队太难了！"

第二次来北京时，刘德主动给雷军打了电话，双方再次沟通。最终"小米选择了刘德，刘德选择了小米，这是一个双向选择。"雷军说，为了加入小米，刘德下了巨大的决心，放弃在美国的工作和生活。后来，刘德除了完成了小米手机的设计之外，居然还肩负起了小米手机供应链的工作，那简直是雷军的意外之喜："我很庆幸洪锋能介绍刘德给我认识。刘德现在幸福不幸福我不知道，反正有了刘德，我是非常幸福的。他做得非常出色！"

周光平

到目前为止，雷军找到了能够做手机系统的人，做手机软件的人，做手机设计的人，就是还没有找到能够把手机做出来的人。作为软件行业和互联网行业的大佬，雷军和林斌，在硬件制造领域都没有什么特别深的人脉。当2010年7月1日，小米公司准备启动硬件项目的时候，这个项目还没有一个专业的硬件人才加入。

雷军说："很多人跟我讲创业公司招人困难所以业务搞不起来。我认为这就是借口。其实那是你作为老板还不够努力。"在2010年的夏天，3个月时间里，雷军见了超过100位做硬件的人才。雷军、林斌、KK等人动用了他们所有的关系来找搞硬件工程的人才。最夸张的一次，和一个理想人选7天时间面谈了5次，每次10小时，但是很遗憾最后由于各种原因却没有达成共识。没有办法，雷军和林斌就继续找人……

这期间，有朋友介绍了周光平周博士，但是雷军判断，这个55岁的博士，从1995年开始就在摩托罗拉工作的资深工程师，肯定是不会出来创业的。雷军当时倾向于去找一些年轻一点的合作伙伴。但是在2010年9月，那个周五的晚上，雷军又一次面试毫无结果，还是找不到合适的能够负责小米手机硬件的人选，雷军几乎绝望了。林斌说："要不，试试看周博士吧。"周六，雷军约到了周博士。

周一，周博士到雷军的办公室去聊天，按照计划，他们准备了两个小时。谁料两个人见面以后居然都感觉相见恨晚，一发不可收拾。雷军和周光平，就在银谷中心小米的办公室里，从中午12点一直聊到晚上12点，从互联网聊到硬件设计，从用户体验聊到手机发展趋势，两个人连出去吃饭的时间都舍不得花，从中午到深夜，叫了两次盒饭来解决温饱问题……

随后，雷军很兴奋地告诉林斌："周博士有戏！"

过了几天，雷军正在外地出差，林斌打电话来："周博士同意了！"

至此，雷军的小米创始人拼图，终于完成了。

要打造一个"超级团队"，首先应该网罗优秀人才，世界上一流的公司有哪个不是人才济济呢？一个企业能做多大、做多强，并不取决于它获得了多少物质资产、多少资本，更主要取决于它的人力资源。曾经有人问松下幸之助："你们公司生产的是什么？"他回答："我们也生产产品，但首先生产、制造的是人。"由此可见人才的重要性。但凡优秀的企业家都非常重视人才的引进和选拔，把网罗人才放在企业事务的头等位置。

一个成功企业的背后一定站立着一个优秀的团队。作为一个成功的企业家，不是要把自己打造得多优秀，而是要找到更多优秀的人共同成功。打造一个优秀人才所聚集的超豪华团队,才能获得更大的成功。

3.增强组织内聚力,减少员工流失

创办小米科技,雷军的首要工作就是招贤纳士,他除了积极组建强大的"小米"创始人团队外,还花大力气在招聘新员工上。所有新进员工都由雷军和林斌亲自面试,确保每一位员工都有足够的开发经验,足够的创业激情,以及很强的自我驱动力和自我管理能力。之后的大半年,雷军和林斌绝大多数时间都在忙于招聘,到年底完成首轮融资4100万美元时,"小米"才有了56名员工,他们平均年龄是32岁,绝大多数来自谷歌、微软和金山等公司,其中相当比例都是技术总监和项目负责人。

而要留住人才,就要重视人才,关心人才,了解人才。

雷军仔细地分析过"小米"研发团队成员的情况,他说:"'小米'研发团队一半以上来自微软、谷歌和金山等公司,'小米'团队的平均年龄是32岁,其中年龄最大的研究生毕业10年,一般是25岁,大一点的27岁,'小米'做得这么快,主要是因为用的全部都是有经验的人。"

在深入了解了人才情况以后,企业首先需要解决的是满足员工的生理、安全需求,再为员工提供互相交流、提高业务能力的平台,关心员工的个人成长和发展，尊重每位员工，最终获得员工广泛的认同感和归属感，以实现企业的持续高速发展与员工共同成长。

　　雷军根据"小米"成员的实际情况提供了可选择的报酬，他说："这些有经验的人除了理想、事业、空间以外还得有实惠，三十二三岁的人都娶了老婆，有的要生小孩，或者已经有小孩，都两三岁了，这时候如果没有一个与之相称的报酬的话也挺难为别人的。组建"小米"的时候，我们提供了可选择的报酬，邀请任何人加入的时候会给出三个选择条件。一是你可以选择和跨国公司一样的方式获取报酬，就是通过股票的方式；二是你可以选择拿工资的1/3加上部分股票；三是你可以选择2/3的工资加上小部分股票；这三种方式你可以自己选。有10%的人选择了不要工资而全部选择股票，10%的人选择1/3的工资加部分股票，有80%选择了2/3的工资加小部分股票，这样大家更容易接受。如果你非常缺钱又想试一下创业机会，你可以选择跟跨国公司一样通过股票的方式获得报酬，但实际只有10%的人选择。不过，就算选择2/3的工资加股票的方式，平均报酬也是不低的数字。"在重视和留住人才上，雷军可是下了血本。他说为了留住优秀的人才，这一切都是值得的。

　　如今的许多企业，曾经创造出辉煌的业绩，可是昙花一现。原因何在？虽说失败的企业各有各的原因，但有一点是共同的，那就是在用人问题上的失败。许多优秀的企业领导者都已清醒地认识到，只有牢牢抓住人才、产品和市场三个关键点，特别是占领人才这一制高点，才能在激烈的市场竞争中立于不败之地。

　　人才是企业发展的第一动力，优秀的人才给公司创造的财富是不可估量的。想要留住人才，就要舍得散财，舍得与员工分享财富。

每个企业都想做大做强，实际上企业要意识到做大做强，从现在开始就要重视人才的发展，这样才会做大做强。

2011年7月5日，"金山"董事长兼CEO求伯君退休，雷军"王者归来"，出任董事长。雷军当时表示，"金山"将坚持改革不动摇，并鼓励团队MBO（管理者收购），自己要做的就是在选人用人上做好把握大方向的工作，充当掌舵人角色。

雷军上任后的头等大事就是"组班子"，首先要解决的就是公司CEO的人选。"金山"是以技术为核心的公司，从求伯君创办这个公司以来，"金山"的竞争优势几乎全在于技术人才上。在选择CEO时，雷军考虑过各种各样背景的人选，最后还是选择了技术背景的CEO，真正做到了"要发展就要重视人才"。

企业的发展离不开每一位员工的辛勤劳动和积极奉献，人才对于企业的发展至关重要。每一个优秀的企业背后必定有着一群优秀的人才。有许多优秀的企业家在被问到最难逾越的瓶颈时，几乎都对一点表示认同，那就是对人才的渴求，特别是对企业有归属感和认同感的优秀人才的渴求。

当时雷军说他自己在过去4年内，面试了多位CEO人选，直到半年前才锁定张宏江，并托双方共同的朋友，最终说服其加盟。雷军表示："选择张宏江的一个很重要的原因，就是他的领导力和号召力。"在雷军看来，招到一流的人才是"金山"一项很重要的工程，张宏江博士在技术领域里很有影响力、号召力、前瞻性，这正是"金山"邀请他的重要原因。10月24日，身为"金山"董事长和风险投资者的雷军特地穿上西装，欢迎前微软亚洲工程院院长张宏江出任"金山"上市公司金山软件CEO。

从根本上说，企业之间的竞争就是人才的竞争，拥有人才、善用人才，企业就会不断创新，企业竞争力就会得以提高，企业就会不断发展壮大。世界银行总裁罗伯·麦玛南认为，一个企业或一个系统内部，人才是第一要素，因为靠才艺、资源致富的约需几百年的时间，而靠人才、智慧致富的，则只需十几年或几十年的时间。

分析那些成功企业的发展轨迹，我们可以发现，它们无疑不是选人用人的成功者，无疑不是聚集了一批雄厚的人才。如果你想把企业做大，那就必须重视人才。无论做什么事业，人才都是成功的保障，只有重视人才的企业才能在浩瀚的商海中乘风破浪，驶向成功的彼岸。

4.用共同愿景激发团队潜能

1974年乔布斯在一家公司找到设计电脑游戏的工作。两年后，时年21岁的乔布斯和26岁的沃兹尼艾克在乔布斯家的车库里成立了苹果电脑公司。

乔布斯后来说："我很幸运，当计算机还是个年轻产业的时候，我进入了这个领域。当时拥有计算机学位的人不多，从业人员都是从物理、音乐、动物学等领域半路出家的优秀人才。他们对此有浓厚兴趣，没有谁是为了钱进入计算机这个行业的。"很多人撰文分析乔布斯和苹果卓尔不群的原因，但他们遗漏了乔布斯与众不同的真正要素，那不是多数人看重的视为企业使命的盈利,而是"愿景目标"——"做最好的产品"!

"共同愿景"不是一个想法,甚至像"自由"这样一个重要的想法,也不是一项共同愿景。它是在人们心中一股令人深受感召的力量。刚开始时可能只是被一个想法所激发,然而一旦进而发展成感召一群人的支持时,就不再是个抽象的东西,人们开始把它看成是具体存在的。在人类群体活动中,很少有像共同愿景能激发出这样强大的力量。

共同愿景对企业是至关重要的,因为它为学习提供了焦点与能量。在缺少愿景的情形下,充其量只会产生"适应型的企业",只有当人们致力于实现某种他们深深关切的事情时,才会产生"创造型的企业"。事实上,除非人们对他们真正想要实现的愿景感到振奋,否则整个创造型企业的概念——扩展自我创造的能力——将显得抽象而毫无意义。

今天,"愿景"对公司领导而言,是个熟悉的概念。然而,只要你小心地观察,会发现大部分的愿景是一个人(或一个群体)强加于组织上的。这样的愿景,顶多博得服从而已,不是真心的追求。一个共同愿景是团体中成员都真心追求的愿景,它反映出个人的愿景。

雷军就是一个善于编织愿景的领导者,他自己常说,人因梦想而伟大。当年雷军在北京组织了20多名顶尖程序高手,组建了"金山"团队,在"求伯君的今天就是我们明天"口号的激励下,拼命开发程序。作为"金山"的一个管理者,雷军的一大天赋就在于善于鼓舞士气。一句"求伯君的今天就是我们明天",让做程序员的年轻人看到了希望,而且对国内的其他软件企业也是一种鼓励。

雷军手下聚集了许多让他自己都自愧不如的高手,最让雷军佩服的程序员是曾任中文之星核心程序员的陈波。雷军承认，自己写程序不如陈波。雷军说："他写程序全是在上班时间，他每天按时上班按时下班，从不加班，但上班时间他时间利用率很高，连水都不喝，女朋友的电话都是中午去接。像这样的人就是为写程序而生的，就像李昌镐是为下棋而生的一样。"雷军说，对于这些程序员来说，除了一个共同的梦想没有什么能够打动他们。

能够实施愿景管理的企业一定是充满希望与活力的企业，员工愿景都能在企业实现，这样的企业其发展前景不可限量。

中国的企业大都不乏远大的目标与规划，但是究竟应如何实施呢？

（1）梳理目标，描绘企业蓝图。实施愿景管理必须目标体系健全、发展前景广阔。没有这一前提，无法描绘画面，也无法提供员工想象空间，愿景管理只能落空。在苹果公司中，每一位员工都狂热地喜爱着自己的工作，因为他们知道，自己所从事的工作是独一无二的，是有着极大的社会价值的，这正是乔布斯为苹果员工们树立的愿景目标。

梳理企业愿景目标通常是人力资源部门的事，但也需要企划人员参与，共同合作。对企业目标大多从三个时段进行梳理，一是企业近期目标，二是企业中期目标，三是企业长期目标。对每个时段企业发展的重点项目、发展规模都进行画面描绘，对绘好的画面先在小范围征求意见，完善补充，使之更加生动形象、具体可感，让人触手可及最好。

（2）展示蓝图，激发员工兴趣。企业愿景绘制工作完成后，要找一间光线充足、有一定活动空间的屋子展示全部画面，组织全体员工分期分批参观。人力资源部门要选派了解企业、热爱企业的员工，饱含深情、绘声绘色地讲解。企业负责员工发展管理的负责人亲临现场答疑，充分唤起员工的激情和想象，让每个员工围绕企业未来的美好前景，想象自己未来的位置和角色。

(3)组织员工讨论，丰富画面内容。参观结束后，各单位负责人回到自己单位再集中下属员工讨论参观感受，人多的单位则分组讨论。大家可以就画面交换意见，增加画面内容。部门负责人需收集讨论意见，汇总上报，让人力资源部门丰富和完善绘画内容。

(4)指导员工联想，设计个人愿景。人力资源部门收集员工补充意见后，统一指导员工设计与企业发展同步的个人愿景，并提供工具和方法指导。引导员工大胆想象，想象自己1年、2年、5年、8年后……我在企业的发展前景。想象自己可以为之实现贡献什么，也要想象实现之后自己可以从中得到什么。当大家欢呼雀跃、情绪激动时，要不失时机地引导员工描绘自己的个人愿景。会画画最好，不会画的就用文字表述，指导人员尽量帮助每一位员工确立自己的个人愿景设计。

(5)员工互相交流，形成自我约束。员工个人愿景设计完成后，分单位分小组讨论交流。每个人都在同事面前，对个人愿景进行有感情地描述。同事要不吝鼓掌，即使你不愿鼓掌，也不能冷嘲热讽。劲可鼓，不可泄。让每一个员工都想象一下成功后的喜悦。让每个人把自己心中所想表达出来，让自定的目标成为个人工作的动力。发自内心的愿望往往会变成巨大的力量，这也会有让员工乐此不疲的作用，也给同事之间互相监督提供了便利。内外约束结合，员工不努力都不行，让员工自我管理应该是管理的最高境界。

(6)愿景备份存档，成全员工理想。员工个人愿景完成交流后，统一上交到人力资源部门。员工发展主管据此开展培训和教育活动，在企业条件许可的范围内尽量帮助员工实现愿景目标。部门负责人更要对下属员工的愿景了如指掌，一方面帮助其实现愿望，另一方面适时提醒下属为实现自己的愿景而努力。

5.团队激励有妙招

团队成员的激励是企业发展的一个永恒主题。如何挖掘人的潜力，最大限度地发挥其积极性与主观能动性，是每个管理者苦苦思索与追求的。

在实施激励的过程中，人们采取的较为普遍的方式与手段是根据绩效给员工以相应的工资、奖金、晋升、培训深造、福利等，以此来唤起他们的工作热情和创新精神。有些管理者往往以为，给员工更多的薪水、更好的福利等，就一定能达到更好的激励效果。但事实证明并非如此，在调薪或拿过奖金后怨声载道、愤愤不平、诉说待遇不公的大有人在，这是为什么呢？

现代的新型人才对于事业上的追求不但是薪水待遇上的提高，更需要的是被认可、被肯定。如果企业能够给他们提供一个实现梦想的平台，对他们来说就是最好的激励。所以，如果能合理利用员工的内在欲望，就能够实现最大的激励度和生产率。

雷军重返"金山"后，对其团队积极进行改革，为了鼓舞士气，他对大家说："虽然有人说我们是失败者，但是我知道你们有多优秀，我知道你们当初进'金山'有多么不容易，我也知道你们在'金山'这几年工作有多勤奋和努力，我也知道你们在任何一家公司里面，都会是最优秀的技术工程师和员工。"

现在主管网络游戏的副总裁邹涛就是被雷军"逼"着转型成为一名团队的领导者的。邹涛从程序员走上领导岗位之后,感觉自己所做的工作有些虚,因为再没有一个程序是自己亲自写的了,心里总觉得没有底。虽然都是程序员出身,但是这毫不影响他们在转型后的工作岗位上干得更出色。邹涛走马上任之后,就把东风日产的骊威、骐达两款新车融到了《春秋Q传》里,开了网络游戏和汽车行业跨行合作的先河。"金山"给了许多程序员发掘自己潜质的机会,从程序员到管理者这种转型例子在"金山"是很常见的。

只有充分激发个人潜能,才可实现企业潜力。这些程序员兼领导者将"金山"的网络游戏成功地推向了市场,之后雷军的目标就是让"金山"上市。有了这一目标的激励,雷军觉得"金山"内部的士气高涨了。他也认为,要激励员工,奖励是必不可少的。因此,在对员工的奖励方面,他一直是很慷慨的。"金山"的薪酬激励体现在期权和股票上。随着"金山"的上市,"金山"内部将产生430名程序员富翁。有人问:"这会对'金山'内部产生什么影响吗?"雷军说:"有一点很重要:我们在年初发了1.08亿元的巨额期权,这对'金山'研发团队的稳定将起到非常大的作用,不会再有公司能挖得动'金山'的业务骨干了。"

美国著名成人教育家卡耐基曾写出享誉全球的名著《人性的弱点》《人性的优点》《人性的光辉》等,成为《圣经》之后人类出版史上第2大畅销书。他指出为人处世基本技巧的第一条就是"不要过分批评、指责和抱怨"。第二条是"表现真诚的赞扬和激励"。研究表明,人的潜能是巨大的,人们表现出来的现实能力仅占其能力的30%,还有70%的潜能未发挥出来。

事实上，激励别人是很容易的。简单地拍拍人家的背，表现出自己的友善，自己也不会有什么损失，同时还能让接收者受益无穷。最近的一项研究结果表明，称赞别人所产生的激励效果与用金钱激励的效果不相上下。所以，我们的领导层一定要认真学一学激励的技巧和方法。可以说，各级管理者的重要任务之一就是充分开发团队的潜能，这也就是激励，任何一个企业管理人员都知道，要调动下属团队的积极性，必须运用一定的激励手段。

(1)精选共同目标。精选一个共同目标，并采取有效策略，亲聆每个成员的思想，使他们为实现这一共同目标全身心地奋斗。这一目标是团队成员共同的愿望在客观环境中的具体化。它以实现团队整体利益为前提，同时要包括团队成员的个人意愿和目标，充分体现团队成员的个人意志与利益，并且具有足够的重要性和吸引力，能够引起团队成员的激情，另外这一目标要随环境的变化有所调整。只有这样，才能充分调动团队成员的积极性和创造性，实现整个团队效率最大化。

(2)完善晋升机制。除了物质激励外的晋升制度也是很好团队激励，团队成员谁都想在工作的过程中证明自己的能力，对自己的工作有个交代，所以很多上进的团队成员在不断的业绩突出的过程后，都期待主管领导给予晋升的机会。合理的制度与机制建设主要包括：团队纪律、上级对下级的合理授权；团队的激励与约束；建立公平考核、健全升迁制度。

如果说选择团队共同目标是建设高效团队的核心，那么建立合理的授权、激励与约束、考核制度是实现团队共同目标的保证。有严明纪律，团队就能战无不胜；有合理的上下级授权，就既能明确责任和义务，又能充分调动各方面的积极性和创造性；有有效的激励约束、公平考核与升迁制度，就能做到人尽其才，既可充分实现职工个人价值和团队价值,又可杜绝团队中因责、权、利不明而导致的摩擦和冲突而损害团队整体利益。

(3)协作与沟通。团队成员间的密切团结和高效沟通,不仅可以减少成员间的矛盾和冲突,促进成员相互了解、相互帮助和相互交流,使各成员的矢量和最大化,以实现团队的整体目标,而且可以实现团队成员间智力资源共享,促进知识创新。比尔·盖茨认为,包括微软在内,许多成名的公司,很大程度上得益于其团结的、高效沟通的团队精神。

(4)领导要善于表扬。表扬相对于物质激励来说是成本最低的,但是表扬的激励却在团队中起到很重要的作用,主管对下属的肯定,特别是在大会上的赞许,会让上进的下属,得到满足感和荣誉感,在以后的工作中更加有信心和动力,同时也会映射其他同事的警觉,向先进学习。所以主管领导,特别是带终端业务团队的领导,一定要善于运用领导艺术,适时地给予表扬。较好的下属以口头表扬或写通知表扬,短信群发表扬,大会表扬,私下交流表扬等多种方式,告诉你的下属,他做得不错,继续努力,下属不喜欢冷冰冰,只会训斥和骂人的领导,喜欢客观的领导,和蔼的领导,所以主管要善于用表扬来激励你的团队!

(5)典型激励有妙招。树立团队中的典型人物和事例,经常表彰各方面的好人好事,营造典型示范效应,使全体下属向榜样看齐,让其明白提倡或反对什么思想、行为,鼓励属员学先进,帮后进,积极进取团结向上。作为主管要及时发现典型,总结典型,并运用典型(要用好、用足、用活)。比如可以学习保险公司,设龙虎榜;成立精英俱乐部;借用优秀员工的姓名,为一项长期的奖励计划命名;还可以给成绩优秀者放员工特别假期等。

6.雷家军的"资产"——优秀的团队文化

常言道:"人心齐,泰山移。"说的就是人心的凝聚力。团队文化的核心作用之一在于凝聚人心,聚集力量,同心同德,共创辉煌。而只有以人为本,建立人性化的优秀团队文化,才能赢得人心,才能凝聚人心。

雷军自1992年加盟"金山",并于1994年出任总经理一职,尤其是在求伯君"隐退"之后,从某种意义上来说,雷军不仅是"金山"的高层,也是"金山"的精神领袖之一。

技术立业是金山公司长期抱定的发展理念,而由此产生的则是技术人才在公司的重要地位和随之而来的独特的"程序员文化"。"金山"是国内优秀程序员最集中的地方,从软件工程师经常光顾的"程序员"网站所做的一项调查就可以看出,在软件工程师最向往的企业排名中,"金山"远远超过其他公司,在国内公司排名第一。雷军在接受采访时说:"注重研发,强调技术立业,这本身的核心文化其实就是程序员文化。这种文化的内涵还包括务实、严谨、完美主义等关键词, 这种文化是金山企业文化的一部分, 不会因为上市而改变。"雷军确实是一个极有责任感的人,他是个完美主义者,他认为既然做了就要做到最好。

"金山"是一个历史悠久的公司,一直强调"战功文化",强调结果导向。正是有这样的文化,才会"江山代有才人出"。其实,优秀团队文化的创建是要遵循一定的原则来进行的。为了使团队文化对内滋养每个成员的生命力,激发团队的创造力,铸造团队的凝聚力,应坚持从实际出发,使团队文化符合团队特点,并以多种形式使团队文化落在实处,见于行动,才能真正发挥其强大作用,而不是贴在墙上的一句空洞的口号。

整个"金山"团队就是在"战功文化"这种务实、严谨、完美主义的团队文化的影响下变得很疯狂,曾有一个项目的团队几个月吃住在公司,没日没夜地工作。这就是金山公司,不管是不是程序员,身上都流淌着一种程序员的精神。这样的团队文化对当时的"金山"来说是必要的,当时的市场环境逼得大家不得不这样拼命。

在"金山"企业文化里,有三条很著名的规则:管自己,以身作则;管业务,身先士卒;管团队,将心比心。2003年,雷军要将"金山"带入一个新的世界,那就是网络游戏世界。雷军认为,网络游戏不怕盗版,而且网络游戏也是当时市场潜力无限的新兴产业。在坚持做好WPS(文字编辑系统)、毒霸、词霸的同时,要把所有应用软件转成依托互联网平台的生存模式。雷军迅速改组"金山"的开发部门,抽调了150人转型做网络游戏。1997年离开"金山"的王全国也被请回来,负责网游业务。然而,"金山"团队里对网络游戏熟悉的人并不多。为了做好表率,从不玩网游的雷军突然疯狂操练起来。《魔兽世界》公测时,雷军玩得很疯狂,连续熬夜几个月,瘦了几斤。下副本,打装备;还财大气粗,花大价钱买魔兽金币,搞到在游戏区中人缘特好,个个都喊他"老大"。疯狂的努力换来了丰硕的成果。2003年9月10日,耗资3000万元的《剑侠情缘Online1》出炉,半年后开始收费。网游成为支撑"金山"的三大支柱之一。

许多"金山"的员工都评价雷军是一位擅长用企业文化感染员工的高管,雷军在历数自己最成功的事情时,说他最得意的是让那么多程序高手3年之内没有一个离开。"在'金山'这个环境里,组织一支队伍,患难与共工作3年,虽然后来很多人都离开了,但他们有的人在提到今天'金山'或'金山'的产品的时候，还在使用'我们'。多年以后，还有这么强的归属感，把我激动得都不知道说什么好。"聪明的企业家无不懂得：最能体现其管理思想的，正是那些具有团队意识的员工。一个有生命力的企业，正是具备了一种具有凝聚力的团队精神。"金山"的团队文化让整个团队具有了无可撼动的向心力和凝聚力，打造一种"我们"的企业归属感。

自2010年9月加入"小米"核心创业团队后，刘德在这个团队中最深的感受就是信任感。刘德对自己的领头人雷军大加赞赏，说雷总一是人品超好，二是全才，在国内这两点中有其一的老板很多，但是两点都能做到就非常难得了。同时，在管理自己设计团队时，他也强调信任的重要性。他笑称自己签每一笔报销都是闭着眼睛签名，其实这就是对下属的一种信任。刘德在这样的企业文化的影响下找到了归属感，为了"小米"的成功他定会尽自己最大的努力。2011年3月，在日本东北地区发生地震的两周后，刘德奔赴日本，开始他在"小米"的第一个供应商之旅，与他一同的还有雷军与林斌，目标是获得夏普的屏幕供应。小米公司与夏普公司的最后一次谈判，从早上8点，一直到晚上11点，对方换了3拨人：上午是夏普公司的代理，下午是夏普公司总部的管理层，晚上是夏普北京公司的销售人员，小米公司这边则只有刘德自己。在价格上，1美分都得谈，他一天最忙的时候见了12拨人，一遍遍讲"小米"的故事，一遍遍接受供应商各种各样的提问。刘德的努力没有白费，2011年夏天，高通总部执行副总裁，带了3个高级副总裁、5个副总裁来访"小米"，开始与小米公司合作。

尊重和信任是所有优秀团队文化的核心和基础。倘若把优秀的团队文化比喻为一座大厦的话，那么，尊重人性就是其最底层的基础。也许在短期内很难看出它的实际价值,但如果我们能从足够长的时间跨度上来审视它的话,他的价值就显得无比重要和不可替代了。

一支强大的队伍是由若干优秀的人才组成的,而想要使这些人才心甘情愿为整个团队奉献就需要一种强大的精神力量——团队文化。小米团队由来自国内外IT巨头公司微软、谷歌、金山的牛人们所组成,这些牛人在平等、轻松的伙伴式工作氛围中发挥出自己的才智,让你在任何时候都能感受到他们的创意。"小米"的团队文化可以让大家享受到与技术、产品、设计等各领域顶尖人才共同创业成长的快意。

优秀的团队文化是企业最丰厚、最重要的无形资产,是企业获得持续发展的强大竞争力。优秀的团队文化能使整个企业去掉惰性,促使员工奋发向上、团结一致、敢为人先,使整个团队充满生机,产生主动迎接各种挑战的信心和豪迈勇气,使企业经营业绩不断攀升,在竞争中立于不败之地。

7.心胸宽广,不断往眼睛里"揉沙子"

日常生活中,包括工作中,有些人总喜欢为一些非原则问题,为一些鸡毛蒜皮的小事而睚眦必报,结果弄得两败俱伤。其实,人际交往中,我们会遇到自己喜欢的人,也会遇到自己不喜欢甚至讨厌的人。不管遇到什么样的人,我们都要有宽大的胸怀,让眼睛里能够揉进沙子,不要轻易树敌,给自己制造不必要的麻烦。即使实在无法忍受，也不要当面使人难堪，更不要与人争吵、背后说人坏话，应做到有礼有节，适当让步，妥善处理彼此之间的矛盾。

俗语说："人情留一线，日后好见面。"意思是说，与人相处，凡事不可做绝，要记得给对方留有余地。也许适当地让步会让你有所失去，但你会有更大的收获——给别人留余地，其实也是给自己留余地，慢慢地，你就会发现脚下的路越来越平坦、宽阔。现代生活中，人与人之间、人与社会之间是一个矛盾的集合体，相互之间联系盘根错节、关系错综复杂，妥协已成为人们交往不可缺少的润滑剂，发挥着越来越重要的作用。

雷军说："让眼里能够揉得进沙子是一门管理的智慧。"雷军做管理的时间并不短，从1988年联想正式注资"金山"，雷军出任总经理，他就开始全面管理公司。不过之前刚加入"金山"时，他只是想做一名成功的程序员。雷军说："我作为一个好程序员，可能会对程序员要求过高，而且，老是想越俎代庖地认为这些事还不如我自己来做，我犯过'我帮你写'的错误。"在担任"金山"CEO之后，雷军依然不改做程序员时的认真和拼命的劲儿。在一次出差过程中，雷军发现卓越网有一个网页做得不是很满意，当时就发E-mail提出了150多条意见。而对"金山"每次推出的新产品，雷军都要亲自试用，并且提出意见。从程序员转型纯管理者的雷军在最初的管理中吃过这样的苦头：总觉得别人做得不好，只喜欢能干的人，这个人不欣赏就不和他共事，结果每件事都自己做，累得要命。

雷军后来分析，成功者其实应当善于把握分寸，不要大事小事都不顾一切扑上去狂拍一气，那样不但不能解决问题，有时反而还会把自己折腾进去。因此，善于妥协就会赢得别人更多的尊重，成为一个明智的，强大的生命。

在转型成为管理者的过程中,雷军不断进行总结,经常思考自己身上的长处与短处,努力让自己扮演好管理者这个角色。雷军渐渐明白:伟大的企业家,也应该是一个伟大的思想家。他开始倾听别人的新想法,然后从横向和纵向思索,并与其沟通。其实,这就是程序员与管理者最大的区别,程序员大多是孤单的,只需要跟计算机沟通;而管理者要学会跟别人沟通,并且还需要很高的沟通技巧。一位成功的管理者应学会尊重别人,在适当的时候做出让步,才能维持良好的人际关系,累积人脉。

让步、妥协,用这类方式化解矛盾,在一些人的眼中,似乎是软弱和不坚定的表现,似乎只有毫不妥协,方能显出英雄本色。其实,在对待大是大非的原则问题上,我们当然不能退让,但是在生活和工作中,更多的是人和人的平常往来,如果针对一些小小的争执和摩擦,你也毫不退让、紧逼到底的话,那么不仅解决不了问题,你还会因此失去自身生存与发展的机会,成为失败者。

在谈到自己从程序员到职业经理人的转变过程时,不写程序的雷军认为他现在一定要摆正位置和心态。雷军形容自己当好经理人的方法就是不断往眼睛里揉沙子,如今的他觉得自己最大的变化就是宽容度变大了。"有一次,我打开几支笔都没墨了,没墨为什么不换呢?为什么不扔进垃圾桶?你不是害人家吗?后面的人都凑合着写,很不舒服。但我要对自己说,就这样了,一步一步来吧,见好就收,因为要抓的事情实在是太多了。"

淡定地处世,用一种平和、谦让与理解的方式去对待身边的人和事,这是成功者所必须具备的素质。每一个人都应该学会给自己、给别人留有余地,学会去包容别人,有时还要做出适当的妥协和让步。

雷军每天休息时间不到5个小时，尤其是在进入网络游戏行业之后，他每天晚上至少要花3个小时泡在游戏里面，亲自测试产品质量。王峰说："在讨论转战网游时，所有人大眼瞪小眼，都不懂。怎么办？所以，在《剑侠情缘》上市前，雷军布置了一个硬性指标，每个高层管理者必须在游戏里练成一个40级的人物。刚开始做网游的时候，他有几个月，基本上白天工作，晚上通宵玩游戏，哪个游戏最火就玩哪个。"但是现在这种程序员的影子正在淡去，雷军表示，作为职业经理人，他得有容忍精神，有时候甚至需要妥协精神。雷军说："我坦诚自己是一个完美主义者，因为在程序员眼里，0和1很分明，他们不能容忍漏洞。而做管理要学会眼睛里能揉进沙子。"

有人说，"金山"是一座学校，而雷军则是校长。在"金山"工作过的人，或多或少都会被他的性格所感染，在金山人眼中，雷军是不折不扣的精神领袖。十几年风雨兼程，雷军既理想又务实，成功地完成了从程序员到企业高层管理者，再到企业合伙人的华丽转身。

懂得与人相处的哲学，才能称得上是成功的管理者。学会宽容待人，就会让你身边聚集更多的人脉，这是一种高明的战术，更是成大事的智慧。学会以屈求伸，以退为进，以静制动，以柔克刚，你才可能成为最后的赢家。否则，睚眦必报、锱铢必较，不依不饶、得理不让人，往往会火上浇油，让矛盾和问题复杂化、扩大化、尖锐化，堵死了与人交往的路。

让眼睛里能够融进沙子，这是一种胸怀，一种气魄，一种智慧。包容别人，就是包容自己；留有余地，才能做到进退从容。一个聪明的、善于妥协的人，必定是一个豁达开朗、充满自信的强者，必能从容不迫地实现自己的成功愿望。

第五章

把朋友弄得多多的,敌人弄得少少的

....

1.善于结缘,多交朋友

雷军说过:"商业上的成功最重要的就是像毛主席讲的,把朋友
弄得多多的,敌人弄得少少的。过去几年我一直提醒自己,人若无名
便可专心练剑,所以尽可能不参加会议,认认真真做东西。对我们这
么小的公司最重要的是广泛结盟,以开放心态来合作。"

被称为"天使投资人"的雷军同样有过这样巨大的压力,尤其是
在他决定要做小米手机的时候,经常夜里3点会给李学凌打电话。李
学凌说:"雷军做手机之前,我们聊了很久。我告诉他,如果你这辈子
还要创业就应该做手机,做手机至少要卖我一股。我相信,手机时代
一定会来临。"

在投资UCWEB之前,雷军也曾与李学凌沟通过,李学凌对雷

军给予了莫大的支持。有了李学凌的支持，雷军对UCWEB就更有信心，他对李学凌说："这家公司今后比你们现在的估值还要大。"而当时UCWEB只有不到10个人。2010年，UCWEB的估值至少达到3亿美元。

真正的朋友永远像一枚钻石，越是在命运的黑夜，他越会点亮自己，让自己的光芒给你生活的旅途带来光明。雷军和李学凌很早就相识了，两个人经常相互倾诉自己的心声和烦恼，互相为对方出主意。当年李学凌想要在网易大展宏图，他在IT、房产、汽车、游戏四个领域，每个领域拓展200人的团队，打算用5年时间超过新浪。但正在他雄心勃勃欲执行策略，在北京招兵买马之时，网易却把房产频道卖给了搜房，价格是800万元人民币。回到广州的他如同被泼了一头凉水。李学凌决定离开网易，郁闷的他在北京闲逛，到老朋友雷军家做客，二人聊了20多个小时。最后的一致意见是，做网游门户。雷军愿意投钱，"我想干，也敢干"。于是，就有了多玩网。

雷军所投资过的人几乎都是他的朋友，他不承认什么"雷军系"的说法，他说："在那些公司里面我都不是主要控制人，只是朋友间互相帮忙而已。投资对于我来说就是玩，是交朋友。至于大家在某些方面比较尊重我的意见，那是另外一回事。"就像雷军投资拉卡拉一样，在1996年中关村组织的一次会议上，孙陶然结识了雷军，两人算是一见如故，并且聊了很久，之后数年里两人每次交谈，都对事物有大致一样的判断和见解，这么多年两人一直是很好的朋友。雷军说："人靠谱比什么都重要。"2004年，孙陶然创业，联想投资找到雷军做调查，雷军不但对孙陶然称赞不绝，而且要自己投资给孙陶然，他说："陶然做什么都能成。"这是雷军对孙陶然的判断，也是他一贯对他认准的人放出的话，"无论做什么我都投。"孙陶然说雷军是自己的"天使投资人"，他非常感谢雷军。

在成功的道路上，离不开他人的帮助，不论是精神上，还是物质上。有朋友在，便可互相帮忙，共同发展；朋友越多，可供选择的路就越多，办事就越发通畅、快捷，成功的概率就大大增加。善于结缘，多交朋友，就能聚集自己的人气，使自己如鱼得水，使自己有更大、更自由的生存和发展的空间。

多交朋友，善于交朋友，你会从朋友那里得到很多有用的信息，得到很多有益的启发，当然也会得到很多实惠。就像雷军说的那样，一个人尤其是一个创业者最需要的就是朋友的关心和理解，因为创业者往往都有很强的应对能力和处理实际问题的能力，但难免会遇到困难，这时就需要朋友的扶持与帮助。

在现代商业社会，要生存和发展就必须具有较强的竞争力。人与人间的竞争不仅包括才能、素质等方面的条件。还与人际关系有重要的关联。有好的人缘，做起生意来就会得到众人的支持，在与对手的竞争中就会处于优势地位。而人缘差的话，在你困难的时候就很难得到别人的帮助，甚至还会有人乘机跳出来踩你两脚。所以说，朋友就是评估一个人竞争力大小的标准。朋友好，在商场上的竞争力就越强。

温州的周航经营着一家服装厂，他主要是做出口生意，产品很少内销。周航常说，"眼睛只盯着钱的人做不成大买卖。买卖中也有人情在，抓住了这个人情，买卖也就成功了一半。"周航对此是深有体会的。

有一次，一个意大利客商订购了500套西装，周航按照对方的要求包装完毕后运到码头准备发货，就在这时，这个意大利客商却突然打来电话请求退货，原因是该客商对当地市场估计错误，这批货到意大利后将很难销售。退货的要求是毫无道理的,周航大可一口拒绝对方,反正合同都已经签了,但经过两天的考虑,周航却决定答应对方的退货请求,因为对方答应支付包装、运输等一切费用,这批西装由于是外贸产品,在国内市场上应该可以销售得出去,所以周航等于没有什么损失。而最大的好处是他这样做等于是帮助了意大利客商,双方将建立良好的合作关系。

事情果然正如周航所料,意大利客商非常感谢周航的大度,表示以后在同类产品中将优先考虑周航的产品,他还不断向自己的朋友夸奖周航,为周航介绍了很多的生意。就这样周航以他富有人情味的生意经成功地在国际市场上站住了脚。二三年内,周航的工厂不断扩建,有600多名工人为他工作,他的生意越做越大。

周航是非常聪明的,他清楚地认识到人缘对生意的重要性。如果当时他拒绝了意大利客商的退货,那么虽然他做成了一笔生意,但却会损失了这个客户。而答应了退货的要求表面上吃了点亏,但他却交到了一个朋友,孰轻孰重,明眼人一看就知道了。

当今社会,朋友对你的发展带来的影响越来越大,所以,我们除了要努力加强自己的才能外,还要注意搞好人际关系,让自己有个好人缘,这样才能适应日益激烈的市场竞争,并在竞争中取胜。

如果你希望在成功的道路上快马扬鞭,就必须拥有良好的朋友。实际上,所谓的"走运"多半是由畅通的朋友展开的。一个能认同你的做法、想法与你的才华的人,一定会在将来的某一天为你带来好运。

2.结交比你更优秀的朋友

"和优秀的人在一起,你会出类拔萃。"的确如此。古有"孟母三迁",足以说明和谁在一起很重要。如果你想像雄鹰一样翱翔天空,那你就要和群鹰一起飞翔,而不要与燕雀为伍;如果你想像野狼一样驰骋大地,那你就要和狼群一起奔跑,而不能与鹿羊同行。

1990年,雷军在一个朋友那里使用了WPS(文字编辑系统)汉卡,便为它华丽的界面所倾倒。雷军一直认为,这个产品绝对不是国内人开发出来的,后来雷军得知,该软件发明者是香港金山公司的求伯君。此后,雷军成功地解密了WPS,且解密后的WPS成了国内最流行的WPS版本。因为这个渊源,在1991年11月举办的一次计算机展览会上,经朋友介绍,雷军见到了仰慕已久的求伯君。随后,他在求伯君的邀请下加入了"金山",他想成为像求伯君一样成功的人。从求伯君的身上,雷军看到了自己的不足以及未来的方向。

有了这种想法,雷军跟求伯君去了珠海。在珠海,雷军碰巧遇到了在珠海出差的老朋友王全国,并说服王全国加入了"金山":"首先,'金山'有让程序员成功的传统,我们未来可以在'金山'成功;其次,'金山'有钱,可以支持我们干想干的项目;最后,'金山'有很好的知名度,是一个很好的平台。"这是雷军职业生涯辉煌的开始,"金山"给了雷军太多的东西,奠定了雷军日后成功的基础。

人生的奥妙之处就在于与优秀的人相处,携手同行,和那些消极颓废的人则要保持距离。一个人最大的不幸莫过于:由于身边缺乏积极进取的人，缺少有远见卓识的人，都是一些浑浑噩噩度日的人，从而变得和他们一样碌碌无为。的确，即使原本你很优秀，但是，如果周围那些消极的人影响了你——这些人每天都在浪费时间、得过且过、牢骚不断、一逮到机会就抱怨个没完、自暴自弃、没有很大的成就，假如你经常和这种人在一起，你就会变得像他们一样消极颓废，缺乏向上的积极性，丧失前进的动力而变得平庸低俗。倘若你和那些失败者进行交流，你也会发现：他们失败的原因，多是由于他们无法获取成功的环境，他们身旁约有80%的人都是不甚积极、没有野心、没有目标、不太成功的人。

谢方瑜是一名普通的办公室文员，来自一个蓝领家庭，平时不怎么喜欢结交朋友。偶尔和她经常在一起的几个朋友，也同她一样，都是一些为了生活而到处奔波的打工者。为此，谢方瑜时常郁闷，为什么自己和朋友就永远都只能做一个打工者呢？

在谢方瑜的公司里，和她一个部门的田丽丽是一位很优秀的经理助理，而且拥有许多非常赚钱的商业渠道。她生长在富裕家庭中，而且她的同学和朋友都是学有专长的社会精英。相比之下，谢方瑜与田丽丽的世界根本就有天壤之别，所以在工作业绩上也无法相比。

因为刚来公司不久，谢方瑜不知道该如何与来自不同背景的人打交道，所以少有人缘。一个偶然的机会，谢方瑜参加了某项职业能力提升培训，她才得知，原来自己之所以一直这样"默默无名"，与自己所结交的人和事有很大的关系。

她回家后仔细地分析了一下，因为平时和那些姐妹们在一起不是抱怨生活，就是抱怨自己的命运有多么的坎坷。而且通常那些朋友也和她一样，常常为了一点事情就沮丧不已。真正出了什么事情，彼此之间却因为能力有限而帮助不了对方。

从那以后,她开始有意识地在公司多和田丽丽联系,并且和田丽丽建立了良好的私人关系。私下里,她通过田丽丽认识了许多大人物,而事业上也开启了新的篇章。

的确,朋友之间的相互影响,会有潜移默化的作用。也许你今天胸怀壮志,准备干一番大事业,但是你的朋友却渴望安逸、平静的生活,于是在他的影响下,你的这番心思也渐渐地被淡化。慢慢地,就如同过往尘烟,一吹即散了。

也许,很多人会说,如果带着这种"有色眼镜"去看人,未免有点太不地道。其实不然,如果你平常只知结交一些"一无是处"的朋友,他们只会接受你给他的帮忙,而在你处于困境时,对方却因为自身能力有限无法帮助你什么,这时你等待的结果也只能是失败。所谓"近朱者赤,近墨者黑",如果一个人总是在一些小圈子里面混,那么将永无出头之日。

成功是一个磁场,失败也是。一个人生活的环境,对他树立理想和取得成就有着重要的影响。周围的环境是愉快的还是不和谐的,身边有没有贵人经常激励你,常常关系到你的前途。

所以,我们要想"抬高"自己价值,就必须往"比我们高"的人身边站。

3.选对你的合作伙伴

　　商业上有一种模式叫利益共享，也称战略伙伴。这样的商业合作模式更具有抗风险能力，也是一种双赢的模式。合作成功的事例举不胜举。大到国家、地区间的合作，小到企业、个人间的合作，无不验证着"合作共赢"哲理的正确。很多情况下，创业不是孤军奋战，而是和自己的合作伙伴一起共患难。好的合作伙伴能够让创业者减轻压力，使创业更加顺利，而找到合适的合作伙伴就像找一生的伴侣一样重要，绝不能因为难找而降低标准，否则会成事不足败事有余的。那么，到底怎样才能找到合适的合作伙伴呢？

　　首先，你要了解你的合作伙伴，比如：他的性格、能力、背景、为人处世等情况都要很了解，因为只有选择你了解的、熟悉的合作者，才能够长久合作。

　　雷军就说过，他只和自己熟悉的人合作。我们回顾一下雷军的投资对象就会发现，几乎所有的合作者都是雷军的老朋友。1998年，雷军结识了陈年一起创办了卓越网，后来一起投资凡客诚品；2005年年初认识俞永福，并投资拉卡拉，后投资UCWEB，与俞永福开始合作；1998年认识前网易总编辑李学凌，并一起创办多玩网，等等。雷军说："经常有陌生人给我发邮件、打电话和微博留言，寻求我投资，我一般不回应。因为我真的只投我熟悉的人或者是我熟悉的朋友推荐的靠谱的人，而且我每年只投几个项目而已。"

　　其次，合作伙伴和自己最好有经验、能力等方面的互补。比如：

你的执行力强,可以找善于出点子、策划能力强的人合作;当你对创业所在行业不了解的时候,你可以找对行业了解的、有行业背景的人来合作。相互之间经验和能力的互补,可以更好地促进公司的运营,使得公司的发展更加顺利。

雷军与凡客诚品的CEO陈年,在1998年相识,当时的陈年还是一个初出茅庐、爱好文艺的小伙子。雷军和王树彤都极力邀请陈年参与创办卓越网。对于这位自称对互联网一窍不通的文人朋友的加入,雷军有着自己的想法。雷军说:"其实我们要卖书,要找个懂书的人来卖,而陈年是我知道的读书最多的人。"

卓越网当时的发展目标是做"最大最好的中文下载网站",但是那时候中国大陆互联网发展得还不健全,作为一个提供IT资讯和下载服务的网站很难得到实际收益。雷军决定改组卓越网,将其转型为B2C电子商务网站,定位为"网上精品店"。2000年5月,改组后的卓越网正式推出,主营是图书和音像制品,宣称"不做全,只做精"。此时,由陈年任副总裁。2000年12月,开设上海站,加强对华东地区的服务。2001年10月,成立用户精品俱乐部,提供线下邮购服务。自2001年9月起,卓越网宣布网站盈利已经与运营费用相当,达到收支平衡。这时的卓越网与另一网上书店当当网成为了中国大陆最大的两家网上书店。2004年,亚马逊公司以7500万美元收购了卓越网,这是雷军与陈年的初次合作。

再次,合作要看你与合作对象是不是志同道合,如果大家志向都不统一,就很难在公司运作后,一起面对困难,共同解决问题,失去了合作的基础。而有了一起努力的共同目标后,就需要双方相互扶持。

创业初期，公司能不能在一段时间内，顺利开展业务，维持基本的运营，同时能够进行市场营销、组建团队，这都需要资金的支持。2007年，具有多年互联网商务平台运作经验的陈年对一家名叫"PPG"的有着全新运营模式的公司产生了兴趣，这家公司在互联网上卖男士衬衫，做得有声有色。这时，雷军再次找到陈年，认为"PPG"模式可行，决定出资支持陈年。于是，陈年带领着原来卓越网的老部下，模仿PPG在网上卖起了款式简约、风格优雅的品牌衬衫。雷军投资陈年的新公司，取名为"VANCL"，其中的VAN是先锋的意思，C和L分别代表陈年和雷军。陈年把这个单词翻译成"凡客诚品"，意思是"凡是顾客，就提供给他们诚心打造的产品"。

仅仅4年时间，凡客诚品就火遍了大江南北，不但被视为电子商务行业的一个创新，更被传统服装业称为奇迹。凡客公司统计数据显示，2011年的实际购买用户突破千万，用户二次购物的贡献已经超过了80%。在凡客年会上，雷军、李开复、李国庆、薛蛮子等众多业界大佬悉数出席，包括IDG、联创策源、软银赛富、启明创投、老虎基金、中信产业基金、嘉里集团和淡马锡等代表也集体站台。事实上，早在其年会前3天，凡客诚品就在微博上大力宣传到场嘉宾的名单，并在微博上现场直播出席情况。此举也被业界认定为当年较成功的企业年会营销案例。董事长兼CEO陈年特意强调了合作伙伴的重要性："凡客诚品的合作伙伴造就了我们的品牌。"

"合作""共赢"的思想受到越来越多企业的关注。在选择合作对象时，需要进行全方位审核，俗话说：不怕神一样的对手，就怕猪一样的队友。

志同道合，相互信任是关键。创业是一个充满风险的过程，许多创业团队的解体都是因为在遇到一些困难或者企业发展到一定阶段，创业伙伴之间出现严重分歧而导致的。

张华在大学时有几个很要好的朋友，大学毕业后他们因为没有找到自己心仪的工作，于是一起决定要合伙做生意。但有个很严重的问题，他们没有处理好相互之间的角色问题而导致了合伙没几天就失败了。究其因，核心在于没有合适的实现角色转变致使许多原本正确的决定和想法因互相之间扯皮而搁浅，后来达成协议已经晚了。

适应角色的转换几乎是每个朋友变成合伙人的关系都需要面临的问题。不论一下成了名人，还是一下子成了人商人，还是一下子成了富翁，都很容易让人忘乎所以，甚至做出一些令人难以理解的举动。往好的方向转换，可以使人一时难以适应，往坏的方向转换，则更是让人难以接受。

合伙创业，失败者多、成功者少。很多人对合伙创业的看法，一般都比较悲观。甚至盛传"合伙即散伙"的谣言。但毕竟不是所有的合伙创业者们最后都以分手告别，依然有成功的案例。而且更让人惊奇的是，创业企业一旦克服了"散伙怪圈"，就变得异常的坚不可摧。如果合伙创业者们能够秉持"求同存异"的战略方针，事事不过于计较，相互宽容信赖，企业一定能够走得更远。

国内某知名的咨询顾问公司最近解散了。这家顾问公司曾经是国内管理顾问方面最成功的咨询公司之一，公司的4位合伙人在业界也拥有一定的影响力。当初4位合伙人在组建这家公司时按照每人25%的股份平均分配，每人负责一块业务。由于这4位创始合伙人每人都在各自领域具有较强的业务能力，该公司在创业初期一帆风顺，很快就发展成为业内知名的管理咨询公司。

然而，随着业务的发展，公司的4块业务出现了发展的不平衡，其中两块业务占据了公司经营额的80%。很快4个合伙人之间出现了矛盾，但是当初约定的25%的股份却难以改变，在矛盾难以调和的情况下，该公司意外地解散了，4位合伙人各奔东西。

俗话说买卖不成仁义在，这就是做生意的基本原则。就算最后分道扬镳，也不要朋友变仇人。亲戚、朋友、兄弟等合伙创业，往往有亲情、友情混杂在企业制度中，公司一天天发展壮大，如果制度不明朗，以后出现问题都是麻烦事。如果创业团队里，人人都只打自己的如意算盘，为个人利益争执不休，企业很难正常运转下去。前期对每位合伙人的权责进行详细陈述和约定显得十分有必要，千万不要碍于面子，马虎了事。合作伙伴关系实际上是一个双赢的概念，只有企业、合作单位都能不断从合作中长久受益，这种关系才能持久稳固。

4.天使投资，信任也是商机

人与人之间的合作无处不在，而合作源于诚信，如果没有诚信做基础，合作则无从谈起。在风云变幻而又布满硝烟的经济生活中，诚信显得尤为重要。诚信既是一种道德品质和道德信念，更是一种责任感的体现。

在中国互联网界,出生于1969年的雷军年纪不算大,但是资格老,属"骨灰级"人物。十几年间,他把"金山"从应用软件拓展到实用软件、互联网安全软件和网络游戏领域,彻底完成了"金山"向互联网企业的转型。他还成了"天使投资人",投资的项目屡屡"中标",从UCWEB、拉卡拉、凡客诚品到乐淘,全都是新一轮的互联网热门公司。"投人不疑、疑人不投"是雷军的投资心得,他认为:创业者除了需要投资人提供的资金外,更需要的是投资人的信任。早年在做通用软件的时候,雷军结识了李学凌。雷军这样称赞李学凌:"他和大部分的媒体记者不一样,他拒收所有车马费和稿酬。这不表示有什么了不起,但不多见,让我认为他有更大的目标和梦想。他又很固守自己的观点。他批评我们'金山'的产品不好,你怎么也说服不了。我们关系很好,但他照骂不误。他是一个有自己观点的人,而且不被任何东西所利诱。他还愿意琢磨,是个技术爱好者和发烧友。他批评我们的东西还是讲在了点子上,很有深度。"两个人非常投缘,经常在一起聊天。

李学凌刚开始创办多玩网的时候找到雷军,希望雷军能够给他投资。雷军很爽快地答应了,决定投资100万美元,支持李学凌创业,对于一向投资谨慎的雷军来说,这个举动让李学凌很惊讶。就资金规模而言,迄今为止,这也是雷军手下数一数二的天使投资项目。雷军对此解释:"李学凌在网易的时候老找我聊天,抱怨,觉得不得志。他那么想创业,再说网易两年的流量业绩也不错,我就支持他。"

雷军很了解李学凌,所以对他有信心。大家评价李学凌是一个懂内容、会去主动了解用户心理的人,是个懂技术,知道怎么去做产品的人,是一个有远见和能把握趋势的人,同时也是一个知道怎么控制成本和寻找商业机会的人。雷军也觉得李学凌懂技术、有远见，他相信多玩网未来的估值能达到1亿美元。后来事实表明，雷军的投资眼光没有错，多玩旗下的YY语音多人交流工具，其用户数量与语音通话质量远远领先于国内其他同类产品，多玩网的市值也远超过雷军的期望。

别人都说雷军是投资神人，投什么都能赚钱，无一失手。对此，雷军说："我是人不是神，我不是每次投资都是能够有十足的把握的，但是有一点我是确定的，我只投给自己信任的人。投资给李学凌，我也不知道我的判断是对是错。通常我做判断的胜率比较高，那只是因为我做判断的机会比较多。我做企业二十几年，成功经验没有，失败教训倒是一把一把的。企业家都是在错误中成长起来的。"在雷军眼里每次的合作都是以双方的相互了解、相互信任为基础的，信任亦是商机。

的确，从某种意义上说，以"信誉、信用"为基础的合作比资金为基础的合作，更为高级，更为持久，更为深入，也更为有效益。

中国台湾的首富王永庆9岁丧父，16岁的时候在台湾南部嘉义县开了他人生第一家米店。王永庆的小店开张后没有多少生意，原因是隔壁的日本米店具有竞争优势，而城里的其他米店又拴住了别的顾客。

于是王永庆决定降价销售，来吸引顾客。可是当他把米价调到每斗比别人便宜一两元时，他的小店还是没有生意。只有一个人在他那里买米，这个人是他父亲以前的朋友。他对王永庆说："我之所以买你的米，不是因为你的价钱比别人便宜，而是我相信你父亲的为人。"

此时王永庆的米店遇到了极大的困难。可就在这时候,他意识到,店里唯一的顾客是靠死去的父亲吸引来的,这使他想通了一个问题,那就是:顾客买东西更在乎店主为人,而不是价格。当时的大米加工技术比较落后,出售的大米掺杂着米糠、沙粒和小石头,买卖双方都是见怪不怪。可是王永庆当时却把他店里卖的所有的米中的米糠、沙粒和小石头挑得干干净净,每天他自己都要挑到凌晨一两点钟。这在当地引起了不小的轰动,一来二往,他的米店成为了当地生意最红火的米店。

如果你是个诚信的人,同事和上司就会了解你、相信你。不论在什么情况下,他们都知道你不会掩饰、不会推托,也不会为自己的行为辩解,他们了解你说的是实话。

那些取得巨大成功的人士都有许多共同的特点,其中之一就是——诚实守信。

人的一生有许多财富,其中信用就是一笔不小的财富。信用,是古代社会人际关系的精神纽带,也是人际关系的最高原则;今天,信用所能创造的财富价值被放大,信用带来的不仅是道德财富,而且还有"真金白银"的价值。

信用就是财富,信用建设需要一个过程,这个过程虽然缓慢,但带来的财富却是巨大的;但是你破坏它的时候却非常快,所以,一定要珍惜这份财富,珍惜这个过程。

5.积累行业中的人脉

有位成功大师说过："人脉是一个人通往财富、成功的入场券。"如果你能不断积累行业中的人脉，在人际关系、人际网络上占据优势，那么你就拥有了强大的人脉竞争力。你与别人之间的脉络越丰富，人脉竞争力越强，你的事业就越发达。

一个人成功的因素，15%可以归因于他的专业知识，85%却要归因于人脉关系。的确，在走向成功时，人脉是一个不可或缺的重要因素。能成就大业者，除了应具有一定的业务知识外，最为关键的还是他会创建有利于自己发展的人脉关系以促成大好形势。

一个人脉竞争力强的人，所拥有的人脉资源不仅广而且深。在平时，这个人脉资源可以让他比别人更快地获取有用的信息，进而转换成为升迁机会或者财富；而在危急或关键时刻，人脉资源则可以让他转危为安。社会是一张网，我们每个人只不过是其中的一个结。你和越多的结建立了有效的联系，就越能四通八达，这张网就是我们通往成功彼岸的捷径。否则，你就只是这么一个结，即使这个结再大，也还是孤零零的结，难成大事。在这个信息发达的时代，想成功创业，掌握行业最新信息和动态是关键。而信息来自于你的情报站，情报站其实就是你的人脉网，人脉有多广，情报就有多广，这是你事业无限发展的平台。

40岁的雷军要再创业，开发智能手机，这和开发软件不同，是需要大量资金做后盾的。每台手机都需要存货成本，需要巨额资本的支持。雷军是个角色众多且颇有影响力的人，他背后也少不了投资人的慷慨支持：启明、IGC(银瑞达)和雷军团队一共出资4100万美元，这才开始了小米手机的事业。

雷军和启明的私交也很好。启明像雷军一样看好移动互联网，他每年都会将美国、日本等地的移动互联网市场做分析，看趋势，看哪些是适合国内发展的，然后再从趋势里的细分领域找团队，所以他自己投了此领域的小米科技、当乐网、呈天游(一家多平台在线游戏开发商和运营商)、多盟(中国智能手机广告平台)、瓦力络，甚至大众点评网、开心网、PPS、凡客诚品等。开发小米手机是他和雷军的第四次合作。启明对雷军有信心，他说雷军能够非常精准地把握一个好的切入点、团队和趋势，这也是他敢"赌"这个项目的重要原因。

有了资金的保证，下一步就是成立一个专业的团队。做一款发烧级手机一定要全产业链上的专业人才。雷军在投资和互联网行业内打拼多年，积累了相当的人脉，迅速成立了一支研发队伍，其中不乏来自微软、谷歌、"金山"和摩托罗拉等公司的人才。其中年龄最大的是周光平博士，已经50岁。

雷军的这些人脉帮助"小米"渡过了一个又一个难关。雷军当初说过要做手机，但没想到做手机的过程会这么艰难。小米手机有800多个元器件，涉及100多个供应商，不少零件都需要定制并提前两个月订货，之间的协调非常复杂。2010年9月下旬，周光平决定加入小米公司，任副总裁，分管小米手机硬件的相关事务。上班第二天，他就开始打电话给手机芯片生产商。周光平过去在手机行业有十几年的积累，跟手机产业链条上游的供应商基本都认识。但是，当供应商听闻要和一个完全没听说过的小米科技合作时，并没有买周光平的账。周光平感到很意外，他说："我们这帮从摩托罗拉出来的人，从来没有想到碰到的第一个困难，居然是供应商不支持我们。这些供应商全部是认识已久的朋友。"这是周光平加入"小米"后碰到的第一个钉子。

手机电池这边，周光平也有一些人脉，他在摩托罗拉时曾和一家电池公司做过一些项目，他认为对方肯定会给予支持，可令他没想到的是，他又遇见了同样的问题——对方不供货。有着多年经验的周光平心里也十分清楚，手机元器件大的供货商在决定是否要跟对方合作时会做一件事，一定会看对方的背景。所以他用了两个多小时，一点点跟对方介绍，"小米"是什么样的公司，要做怎样的事情，雷军是一个什么样的人。后来周光平吸取教训，出去跟供应商谈的时候把雷军也一起叫上。雷军自身的人脉以及过去做的事情，也为"小米"说服供应商加了分。"大家愿意跟成功者合作，他们的信任也不是一上来就建立，我在这个圈内还是有很多朋友的，我不认识你，我跟他是好朋友，他跟他是朋友，这样想办法找到供应商董事长或CEO，找最好的渠道来介绍。"然后雷军亲自登门拜访，他亲自跑过50家供应商，到2011年4月底5月初，"小米"才百分之百说服了供应商。

雷军积累的各方人脉帮助他解决了许多困难，实现了手机梦。在小米手机的发布会上，来自各大互联网行业的CEO悉数到齐，还送上了给力的CEO集体祝福视频。雷军投资过的多玩网CEO李学凌说，他要推荐每个YY用户买一台"小米"手机，UCWEB的俞永福也表示要用UC的资源推广小米手机。在销售上，"小米"采用的也是互联网的模式，只在线上销售。所以，雷军的老搭档陈年义不容辞地担当起物流和仓储的重任。雷军给分众传媒的江南春介绍小米手机，江南春直接在微博里大赞"小米"，这种行业人脉所带来的无形的关注，会给"小米"带来巨大的效益。

雷军凭借其在天使投资时积累的人脉及其本身在中国摸爬滚

打那么多年所积累的同行业的人脉关系，实在是一笔巨大的财富。雷军的成功告诉我们，人脉真的是非常庞大的资源，是一笔潜在的财富，只要我们懂得把握和打理，这些人就能助我们成就辉煌的事业。

试想，没有丰富的人脉关系，在商业社会中你将寸步难行。人们总是在不断地开发自己的人脉网络，那些成功的人总是比其他人具有更庞大和更有力量的人脉网络。人脉越丰富，路子越宽，事情就越好办。

的确，人脉竞争力在一个人的成就里扮演着重要的角色，丰富的人脉是成大事的重要因素和必备资源。人脉其实是你一切可以调用的关系与资源。当累积了充足的行业人脉时，你将会发现身边到处是可随时帮助你的人，可能一通电话、一个邮件即可解决你烦恼的问题，进而达成你自己梦想的目标。现在就开始进行开拓你的人脉布局，规划你的人脉网络，经营你的人脉资源吧！

6.批评是一种宝贵的支持

面对别人的批评，你是怒火万丈，还是心存感激？正确的态度应当是虚心接受别人的批评，听取他人的意见，并认真地反思自己，因为只有这样，愚笨的人才能变得聪明，聪明的人才会变得更加睿智。

的确，批评是一种宝贵的支持，我们需要鼓励的话语，同时也需要听到批评的话语。别人指出自己的错误和缺点，其实正是对自己善意的帮助,对自己的发展是很有益的。所以,在别人提出善意的批评时,要放下自己所谓的"自尊",虚心听取别人的意见、建议。因为只有这样,我们才能少犯错误、多反思,不断修正、不断发展。

2011年8月16日下午,小米科技在北京发布小米手机,雷军再次创业的成果引来了社会各界的广泛关注。越是惹人耳目的东西就越是容易遭到人们的质疑,从小米手机发布那天起,质疑声就没有停止过。做智能手机就难免和乔布斯联系在一起,之前就有很多人批评雷军是在刻意模仿乔布斯,小米手机的高调发布和雷军对乔布斯的某些效仿让很多人找到了攻击的目标,来自各方的声音都有,一下子把小米手机推向了风口浪尖。雷军回忆说,从那以后,"每个小问题都会被不断放大"。这也给雷军带来了无尽的烦恼与无奈,但是这些批评都让雷军对小米手机更有信心,他认为:争议多关注自然也多,这无形中给小米手机做了广告,而实际上小米手机确实不同于iPhone,那些用过小米手机的人都知道其中的差异。

2011年9月,小米论坛中,用户ukkku爆料,自己的号码为618的工程机出现掉漆现象,另外手机左侧缝隙有点大,玩游戏时,用手指按压屏幕会明显听到咯吱咯吱的声音。此外,按压手机最左上角时,能明显感觉没做严,虽然可以压下一点点,但还会弹起来。此外,摄像头还进灰。遭遇掉漆问题的ukkku对小米手机非常维护,先表扬小米,总体来说这是一部很给力的手机,在描述自己的工程机的问题时很注意措辞,说自己手机的这种现象应该是个案,希望大家不要以偏概全,也希望小米能帮忙解决问题。

ukkku把显示工程机问题的相应图片贴上网后,迅速引起热议。一位小米手机论坛的用户跟帖说："虽然有点小问题,但不影响使用。系统运行迅速,我很满意。我想后期会做得更好。多份包容和理解就好。小米对我来说,不是最好的,但是是最适合我的。"

小米手机掉漆现象并非个案,也有其他小米手机用户反映出现类似掉漆问题,虽然是每天把手机装到兜里,并没有摔或碰,仍出现掉漆现象。

但有的用户及一些媒体却没有这么宽容,措辞很激烈,对小米手机表示出强烈质疑及指责,说看到有人反映工程机掉漆,心里凉了半截,小米手机如果连这样的细节都做不好,怎么让人放心购买,买了过段时间就掉漆这是山寨货才有的情况。

雷军反复强调他要感谢那些批评和怀疑的声音,他把那些质疑看作是强大的激励,促使"小米"去进一步改进产品:中国消费者太需要一款出色的国产智能手机了,过于成功地发布让用户因此对小米手机抱有非常高的期望。这种压力对"小米"这一支优秀的团队来说就是动力,让"小米"更加成熟和有战斗力,也让"小米"团队成为一个开放的团队,能够吸收来自不同方位的声音。"小米"团队很快就证明了自己的价值:小米科技创办半年后,推出了"米聊"这款成功的产品。这个跨平台、跨运营商的手机端短信工具一推出后就大受欢迎,并帮助"小米"累积起大量用户,上线半年注册用户就超过了200万人。

在雷军来看,"小米"的目标是做一款真正出色的智能手机,他也希望社会能够给刚刚上路的小米手机一些宽容和改进的空间。雷军说:"我也喜欢iPhone的外观造型,也喜欢漂亮的东西。但是我特别想跟大家说,我其实觉得,大家要理解小米手机的现实,我们用的双核芯片,我们用的大电池,而且我们在第一次做手机的时候，到处哀求全球顶级供应商，这个过程是极其艰辛的。"虽然有难处，但是雷军还是通过自己的微博发表了这样的感慨："智能手机非常复杂，完美的产品是没有的。所以要感谢那些批评我们的人。"

需要感谢他们的是什么呢？雷军从另一个角度分析了这个问题，大家对小米手机的关注度太高了，小米手机会被大家神化的。其实，世界上没有什么近乎完美的东西，所以大家才会拼命追求完美。而有些负面的声音能够使消费者在购买的时候比较理智。因为他们看过正面、负面两方面的评论，能够客观地认识小米手机，这就是一款实用的、人性化的智能手机，这就是小米手机的灵魂。不要将小米手机神化，它不是万能的、绝对完美的。有了这种想法，当拿到小米手机的时候，大多数用户都能体会到小米手机的优势是它的性价比。雷军深知，这个世界上没有什么东西是无可挑剔的，更何况是电子消费品。即使强大如iPhone，也会有天线门、闹钟门，让买手机的用户高兴、觉得合算，就是小米手机的价值所在。

没有人喜欢被批评，但是在内心深处，我们都明白，要想不断成长、进步，接受批评是最好的方法。尤其是创业者，一定要开阔心胸，淡定地面对别人的批评，听取别人的意见，只有这样，才能赢得事业的进步，取得辉煌的成就！

7.寻找一个"榜样式"的朋友

列宁说:"榜样的力量是无穷的。"榜样对一个人会产生深远的影响,看看我们周围的那些人,他们的品格、生活方式、习惯以及他们对事物的看法都有意无意地影响着我们。那些优秀的人、那些成功者无疑都是我们最好的榜样。

如果你身边有这样的人,他能用他的行动和精神感染你,给你前进的力量,我们不妨把他们称为"榜样"。榜样的行动是一种活生生的教育,这种教育最丰富、最生动、最富有感染力。榜样本身引领着我们应该怎样去做、不应该怎样做。当你意志动摇、对自己的目标信心不足的时候,来自榜样的作用、源于榜样的力量,会让你精神一振,重新昂首,以更加勇敢自信的姿态面对未来。

当今正是一个需要榜样的时代。多元化的社会需要有一种能够鼓励我们的力量,一种根植于内心的精神力量,一种能让我们尊敬、学习的力量,一种抗拒平庸、立志进取的永不过时的力量。而榜样,无疑是一种很好的标杆和楷模,是一股无穷的力量。

雷军的成功离不开一个人,那就是对雷军有知遇之恩的求伯君。雷军选择"金山"的一个重要原因就是他对求伯君的崇拜,他想成为第二个求伯君,求伯君用3年时间通过一个好的程序打造了金山公司,雷军也希望能够在"金山"复制求伯君的成功模式。1994年以前,在中国IT行业最出名的不是联想、方正、长城的总裁,更不是IBM(国际商业机器公司)、HP(惠普公司)、Compaq(康柏公司)的CEO,而是写在程序封面上的程序员的大名——求伯君、吴晓军、王志东等。那个软件工业飞速发展的时代,出现了许多程序高手。但是程序员的生活比较枯燥乏味,而且都是在幕后,他们中的绝大多数并不为人所知。而在这个英雄的时代里,有一个名字大家都记住了——求伯君。

1986年,求伯君第一次来到深圳,他把此次深圳之行称为"此生遇上的第二次不可错过的机遇"。求伯君这样描述道:"我突然发现深圳的世界真漂亮,什么都新鲜。在深圳,我第一次听到'时间就是金钱,效率就是生命',我喜欢这种快节奏。"这种每天都有新机会的城市让求伯君毅然决定辞去原来的工作,去深圳发展。由于要帮助朋友解决计算机的打印问题,他在河北逗留了几天,这期间他把24点阵打印驱动程序,改进成了一个通用的、支持多种打印机的西山文字打印驱动程序。途经北京时,在朋友的建议下他把这个软件卖给了四通,因此留在了四通工作。在那里,他结识了对他的成长过程影响最大的人——香港金山集团老板张旋龙。为了继续他的深圳之路,求伯君辞去了北京的工作。

开发软件是求伯君的强项,他的目标很明确,做一张汉卡装字库,写一个字处理系统,能够取代Word Star(文字之星,一种中文处理软件),这就是后来的WPS。香港金山公司答应提供条件让他专心致志地开发WPS。从1988年5月到1989年9月,求伯君把自己关在张旋龙为他在深圳包的一个房间里,只要是醒着,就不停地写。做程序开发需要忍受得了孤独。"有了难题,不知道问谁,解决了难题,也没人分享喜悦。"求伯君在这孤独中,写下了十几万行的WPS代码,终于完成了所有程序的编写。WPS没有做广告,仅仅凭着口碑,就火了起来。求伯君对此成功这样总结:"市场上奇缺这种东西。后来的王码480、巨人6402都是WPS的模仿之作。"雷军第一次使用WPS时就感到震惊,"我当时不敢相信中国还会有这么好的软件。WPS定位很准，就是字处理，不是排版。那时候，搞一个排版太复杂了，用户根本接受不了。"

因为WPS的成功，求伯君于1994年在珠海独立成立珠海金山电脑公司，自任董事长兼总经理。求伯君10年不倒，原因就在于他一直在走着一条和一般程序员不同的路。大多数的优秀程序员都选择了自己创业或者合伙创业的道路，而求伯君则一出道就辗转于"四通""金山""方正"这样的大公司，在这些公司的经历使求伯君具备了大公司的眼界和胸怀。这是求伯君高于同时代程序员的本质原因。求伯君产业报国的理想打动了雷军，雷军说，大学时代曾看过一本叫作《硅谷之火》的书，梦想着要产业报国，参与一个伟大软件公司的建立。

从那时起，"求伯君第二"成了雷军的努力目标。雷军大学毕业后，在一个计算机展览会上，经朋友介绍，见到了钦佩已久的求伯君。雷军递给求伯君一张只印了人名和呼机的名片，求伯君递给雷军一张赫然印着"香港金山副总裁"的名片。有了一面之缘后，另外一个朋友又给雷军介绍了求伯君，在吃饭的时候，求伯君邀请了雷军来"金山"，雷军没有立刻答应下来。求伯君对雷军说："你想一想，明天中午到燕山酒店来找我。"那个晚上雷军没有怎么睡觉，他一直在想："求伯君因为写程序，在'金山'成功了，'金山'如果能够造就一个求伯君，就会造就出第二个、第三个……"

这种想法让雷军决心加入"金山"，雷军这个时候已经意识到自己的成功是一场持久战。要想成为第二个求伯君，绝非一日之功可以实现。可是当雷军想起自己第一次见到求伯君时，对方风度翩翩，打扮不俗，看着眼前的人物，就是计算机行业大名鼎鼎的WPS之父，自己无法不投去崇敬的目光。求伯君这个榜样的力量无疑给了雷军极大的鼓舞，震撼着雷军的心，鼓励着雷军在"金山"里迎接一切挑战。

　　在榜样的感召之下，多少普通人爆发了像火山一样的威力，创造了一个又一个惊世骇俗的奇迹；多少懦弱者挺立起来，不顾一切地冲向前方。榜样的鼓舞力量就像号角一样催人奋勇向前。

　　我们要感谢身边的榜样，是他们为我们平凡甚至枯燥的日子里增添了许多色彩，在一些关键时刻，是他们给了我们继续前行的动力。很多时候，向榜样学习的过程也是不断自我超越的过程，也许有一天你会突然发现，自己竟然也成了别人的榜样。榜样所带给我们的是无尽的锐气、朝气，是必胜的信念，是永无止境的力量的源泉。榜样是一种向上的力量，是一面镜子，是一面旗帜，是我们事业成功的向导。

第六章

颠覆式创新，小米出奇制胜之谜

1.最早说出"手机将会代替电脑"

西方的管理大师德鲁克对于创业的定义有其特定的侧重——创新。因此，他将创业企业分为有创新的和没有创新的小型企业。例如，一个开发并营销新产品的人是创业者，而一个街角的杂货店老板则不是。同样，一位连锁餐厅的店主不太可能是创业者，而一位独立的餐厅所有人可能就是。

换言之，创业者关注创新，创新源于创造变化并赋予现有资源创造新财富的能力。创业者把变化视作市场上的一种机遇的来源：他们欣然接受变化，而不是退避三舍。而且，这是创业者们所持有的惯常想法。对于其他人而言，这种想法则脱离常规。

刚开始接触神奇的电脑世界时，雷军几乎将全部的精力都用在和电脑相关的研究上,他要做电脑的掌控者。随着对电脑的了解越来越深入,电脑慢慢褪去了神秘的面纱。

雷军渐渐发现,电脑也有不尽如人意的地方,比如不能随身携带,使用起来很不方便,如果在路上突然想起一个问题,要在电脑上解决,就不得不返回去。事实上,整个电脑行业的研究员都在试图解决这个问题,变得越来越方便使用和携带一直是电脑发展的趋势。

后来出现了可以带在身上的笔记本电脑,这让雷军兴奋不已,于是他很自然地成为笔记本电脑在中国比较早的体验者之一。他将随身携带的公文包改成了专业的电脑包,每天把电脑带在身上,比之前被电脑拴在一个固定的地方感觉好多了。

在当时,笔记本电脑还是十分时髦的,但时间久了,背着几斤重的笔记本也不再是一件愉快的事情。到了后来,雷军甚至会因为要随身携带一个巨大而难看的充电器而沮丧不已。为什么就不能使电脑更便携、更美观一些呢?雷军心里总这样想。

就在这时,手机行业发生了一场变革:手机可以联网了!很多人立即喜欢上这种新奇的玩法。在大街上、公交车上,雷军时不时地就能看见有人拿着手机上网。这时,雷军敏锐地发现,手机上网是传统电脑上网的延伸和补充,也是移动互联网的一种体现形式。尽管当时用手机上网很不方便,但这是智能手机兴起的一个征兆。

这引起了雷军的兴趣,他开始研究手机。1987年,国内出现的第一款手机是广州推出的摩托罗拉3200,这款手机以绝对的优势垄断了中国手机市场,当时引起了很大的轰动。那时候,拥有一部移动电话就是身份的象征,因此有人将它称作"大哥大"。大哥大的个头很大,像板砖那样,又因此被戏称为"打架的工具"。

到20世纪90年代,手机依然是比较稀缺的奢侈品,但是已经有了慢慢普及的趋势。雷军的第一个手机是在"金山"的时候买的,刚刚接触到这么方便的通信工具,雷军一下子就被迷住了,有时间就研究手机。

实际上,雷军是一个不折不扣的手机控,他爱玩手机在圈子中也是出了名的。每当市场上出新机型,他总会以最快的速度买回来,看看更新到了什么程度,以至于在"金山"的16年里,他一共换了53部手机,平均一年三四部。有时候,他甚至感觉自己对手机的痴迷不亚于电脑。

而且雷军的心中还有一个模糊的期待,不知道手机能不能实现自己对电脑的所有需求。渐渐地,手机的功能强化了,能够完成基本的信息获取要求。雷军似乎看到了一个未来的美好蓝图:就在未来的某一天,自己不用再背着几斤重的笔记本电脑去上班,而是随身携带着一部智能手机,解决自己对于电脑的所有需求。

雷军甚至兴奋地对身边的朋友说:"或许有一天,手机会完全替代电脑,成为下一个计算中心。"有了这个想法后,雷军开始尽量不用电脑,身体力行地验证手机替代电脑的可行性。而且由于频繁地更换手机,他也成为手机智能化过程中最忠实的见证者。

离开"金山"以后,雷军有了更多的时间和精力研究手机。2007年年底,苹果公司推出了一款颠覆性的手机产品iPhone,这款手机很快席卷了整个手机市场,全世界都在为它疯狂。而且整个手机产业也几乎被完全颠覆,诺基亚、摩托罗拉等巨头突然从领先者沦为追赶者——乔布斯完成了对手机的又一次革命。

作为乔布斯的忠实粉丝,雷军第一时间买了iPhone,极简的外形设计给雷军留下了深刻的印象,他急切地想要知道这款手机究竟有什么不同寻常的地方。一回到家,雷军就坐在沙发上研究,甚至连午饭都只吃了一点点。他看着手中极简的宽屏,眼中闪现出点点星光。

　　"太完美了！"雷军自语着。iPhone将软件、硬件和移动互联网结合在一起的模式让雷军感觉到新奇和震撼，相比自己上班背着的笔记本电脑，这种一手掌控所有信息的感觉，带给雷军的是一种绝对的刺激和完美的体验！

　　之后，雷军又买了20多部iPhone送给自己的朋友，他觉得这是一件最好的礼物。不过，随着使用时间的延长，雷军也渐渐发现iPhone的一些不尽如人意的地方，比如待机时间太短、不能转发短信、信号不稳定等，最重要的是不符合中国人的使用习惯。

　　"谁会做出一部更加完美的手机呢？"雷军一边问着自己，心中一边萌生了一个念头，自己做一款手机。这个想法起初只是一个小小的火苗，但很快就燃烧成熊熊大火。到了2009年，雷军几乎对市面上的每一款手机都了如指掌，随便拿出一款来，他都能说出它的优势和不足，其熟悉程度令人咋舌。并且，只要身边有人，雷军就忍不住要谈论手机。

　　有一次，雷军和一个朋友一起吃饭，结果吃到一半，雷军就将手中的筷子放到一边，掏出一部魅族M8手机，讲起了它的好处："我觉得魅族这个手机做得非常不错。你看，它的未接来电能够显示响铃时间的长短，这样的话就能辨别那种只响一声的骚扰电话。"结果剩了一桌子菜，两个人也因为注意力一直在手机上而饿着肚子。这种情况在雷军身上屡次发生。

　　然而，尽管新时代来临了，但智能手机的价格也是惊人的。全球每年发布12亿部手机，绝大多数智能手机的价格甚至比笔记本电脑都要贵。一部iPhone卖四五千元，足够买到一台不错的笔记本电脑了。

　　而且，即便是有了携带更加方便的智能手机，人们却依然需要买一台电脑。因为智能手机还不能完全满足人们的需求，有些事情还需要依靠电脑。或者从另一个方面而言,智能手机也有不完善的一面,比如习惯了键盘输入的人很难适应智能手机的输入模式。

接着,乔布斯再接再厉,又推出了iPad。刚刚开始的时候,雷军觉得这就是大一号的iPhone,但是用了一段时间后,雷军渐渐地发现了它的不同。这让他更加坚信自己的判断。他觉得iPhone出售100万台用了76天,到了iPad仅用了不到一个月时间,这是正常的。

在他看来,iPad是伟大的产品, 它能满足人们对电脑99%的需求,开启了一个新的时代。但同时雷军也在想,无论是iPhone还是iPad,每种工具最终都是通过电脑联网的。而此时的手机CPU已经超过1G,而且还有不断变大的趋势,这样下来,终究有一天,手机的计算能力会接近甚至超过电脑的计算能力。

不仅如此,手机存储能力和移动设备的存储能力都在大幅度地提升,跟着3G、WiFi(一种可以将个人电脑、手机等终端以无线方式连接的技术),通信能力也在提升,并且可以随身携带,十分方便。对于绝大多数人来说,一部手机就可以解决他们的所有问题。

有些人可能认为,尽管目前手机屏幕不断变大,有不少大屏智能手机的屏幕甚至达到5~6英寸, 但是目前无论选择哪一种手机键盘,都没有电脑的键盘好用。雷军的看法是,这实际上只是一个习惯问题,他觉得最后绝大部分人都会适应手机的大小和键盘。

基于这样的设想,雷军似乎能够看到未来的情景:每个酒店房间、大堂都有许多支撑WiFi的显示器,手机遥控就能连上,所有事情都可以在任何屏幕上展示, 而这些都是环绕手机的周边外设而已。手机将在绝大部分人、绝大部分事情上取代电脑,形成下一个连接中心,而电脑将会跟打字机一样,被大众所遗弃。

实际上, 一直关注着乔布斯的雷军在拿到iPhone的那一瞬间,在被这款大屏幕智能手机震撼的同时,就已经意识到一个新的时代将要到来：手机将会替代电脑，成为大众最常用的终端。他曾经开玩笑说："我是中国最早说出手机将真正代替电脑的人，但大家都听不到，直到软银孙正义说了才算数。"

商场如战场，需要我们具备随机应变的才能，需要清晰的思路和头脑，商战无情，倘若没有诸葛亮般的随机应变之智，是很难在激烈的市场竞争中站稳脚跟，争取胜利的。要紧跟新潮，随着市场的变化而变化，当我们掌握了市场变化的规律，就可变被动为主动，另辟蹊径，开拓新的市场。当今的经济时代，要想取胜，除了凭经济实力之外，关键还是要开动脑筋出奇制胜。

联想集团的陈绍鹏克服重重阻碍，为联想打开了中国西南地区的市场，为联想公司挖掘了一个拥有巨大前景的市场，同事都夸他具有"把冰激凌卖给北极熊的本领"。

格兰仕公司的陈曙明，在格兰仕进军上海市场时，抓住上海人的心理特点，用创新的方式进行销售，不但打开了上海市场，而且很快就在全国市场占据了有利位置。

牛根生在伊利任职时，曾用巧妙的营销手段让人们在"大冬天里吃雪糕"，在冰激凌的淡季进行广泛宣传，为来年在"冰激凌大战"中获胜打下了坚实的基础，并为伊利创下了年销售额3亿元的销售神话。

蒙牛集团的杨文俊在拎箱子时拎出了灵感，向企业提出了在牛奶箱上安装便于提取的把手的建议，这个创意不但极大地方便了客户，而且使蒙牛当年的液体奶销售量大幅度增长。

海信集团的何云鹏，在与研发小组成员的共同努力下，成功打造了海信"信芯"，不但为海信节省了成本，创造了效益，更是打破了中国电视长久以来依赖进口芯片的局面。

……

所谓"奇"就在于因手法高超或产品新颖,在市场上有奇效,而竞争对手们又预料不到。因此,可以较容易地占领市场,得到顾客,在一定时期内形成一个市场竞争中无敌手的局面。

随着时代的进步,市场的发展,如何去应对今后的挑战,怎样从危机中解脱出来?这需要每个人保持清醒的头脑,一个智慧的人,应有主动性和创新精神,智慧的价值是无穷的,创新意识与创新能力对我们来说就是最宝贵的财富。因此,我们要切实立足事业的长远发展,开拓思维,开动脑子,放下顾虑,用自己聪明的智慧和创意引领事业的发展,让自己成为奔跑在时代前沿的人,成为最先告别贫穷,最先用财富装满口袋的人。

2.追求全新的颠覆

在寻找手机供应商的时候,雷军听到了一句话:"现在智能手机只分两种,苹果和非苹果。"可见打败苹果的方式,绝不是做另一只苹果。打败微软的是谷歌,打败谷歌的是Facebook,全是颠覆性的。雷军显然拒绝没有颠覆的存在,那他如何颠覆自己,又拿什么来颠覆移动互联产业?

雷军迎着质疑而上,他定位的颠覆性在于:小米手机的研发、销售全部都用互联网模式。正如他最初对小米商业模式的设计,"小米不以手机盈利为目的，而是借鉴互联网的商业模式，以品牌和口碑先积累人群，继而把手机变成渠道再图盈利。"颠覆的理念贯穿在小米前进的每一步，硬件、高配置、全球首发，这是一层颠覆；售价只有1999元这是第二层颠覆。

颠覆之一：小米只用电子商务方式在线上销售。雷军对小米手机进行的设定是——用互联网的方式来做手机，这绝对是颠覆性的。小米手机只用互联网方式在网上销售，而且采用电商平台去掉传统渠道的负担，保证小米手机的高性价比。雷军已经推翻传统手机零售店从国包、省包到零售店等多层分销体系，用电子商务来卖手机，可以干掉所有中间成本，直接返利给手机发烧友，让价钱更低。

在电子商务企业普遍遭遇严冬的情形下，卖小米手机的电商企业却做得热火朝天，买小米手机不但要排队拿号，而且有了号也不知道什么时候能拿到货。到今天为止，已经没有人怀疑小米可以只通过网上销售就能把手机卖出去了，因为在小米手机发布后34个小时里，预订超过了34万部，这是一个很疯狂的量。这是雷军领衔的小米科技建立不到2年，创下的商界奇迹。这种全线上售卖的方式，既节约成本，又很有时尚感，绝对是给小米成功销售加分的动作，因为网上销售摒弃了传统手机行业因门店、渠道等因素致使的手机附加成本的攀升。

在小米手机之前，也曾经有别的手机尝试过网络销售，Google（谷歌）的第一款手机Nexus One就曾经这样做过，但是最后证明，谷歌的这种做法是错误的，Nexus One的销售成绩很不理想，成为手机直销的失败案例，甚至连运营商层面都不愿意再销售这款手机，这一度让Google负责Android平台的掌门安迪·鲁宾（Andy Rubin）非常难堪。2010年，Google的Nexus One手机被美国《时代》周刊评为年度三大失败的科技产品之一,被指出没有良好的市场营销,也没有零售渠道,手机本身的3.7英寸屏幕和滚球设计等存在缺陷。

所以,在雷军创业之初挖Google的工程师时,他们问了很多很尖锐的问题,最尖锐的就是对方问雷军,在网上卖手机这一方式,实力庞大的Google都只卖掉几万部,你能成吗?

雷军说:Google失败是因为他完全不懂利用互联网做手机的通道,虽然Google是一家很大的公司,不懂就是不懂。但我懂。

雷军回顾创办卓越网的经历:用电子商务成就了一个互联网品牌,而现在的小米手机,则是用互联网模式成就了手机品牌。小米做成了当年Google做不成的事。

能够奠定一个互联网的手机品牌。这种怀疑已经彻底消失。

颠覆之二:售价只有1999元,不靠硬件赚钱。相比iPhone来讲,小米手机的价格是非常便宜的,因为它将一款顶级配置的手机售价拉低到1999元。其实,小米手机定价1999元,这样的价钱并不便宜,因为在市场上200元、300元就可以买到一部山寨机,接近2000元的手机是不便宜的。为什么大家觉得小米手机便宜?小米手机最为瞩目的地方在于硬件配置和价格,作为国产乃至全球主频最高的双核Android手机,小米手机刷新了人们心目中的硬件高度。对比一下这组数字,iPhone主屏是单核1G,小米手机是双核1.5G,而且所有性能都是当时的顶配,所有零件全部都来自苹果的供应商,所以这样的性能卖1999元实在让大家觉得震撼。因为这1999元包括中国海关税、增值税、教育附加费,还有专利费等一系列的费用,所以定位于这个价格无异于"跳悬崖"。在美国,这样的产品可能是240美元,因为中国的税是17%,价钱是含税,光专利费和增值税成本就接近400元。不要小瞧从1G到双核1.5G,其实每往前走一步,对于先行者来说技术难度都很高,如果那么容易做到,肯定轮不到小米来做全球首款。

雷军最早在小米手机定价的时候，曾经想要疯狂一把，把手机的价格定在1499元甚至最好是999元。这种最高性能的手机，如果售价只要999元，将会引发什么？谁也想象不到。只是，最后仔细核算了成本之后，他还是无奈地将价格定在了1999元。

小米手机在发布之后不断有厂商宣布要推出性能更好、价格更便宜的手机，但直到今天，小米依然是2000元钱以内最快的手机。雷军以此自豪，开玩笑地说："最快的手机里我们是最便宜的，最便宜的手机里我们是最强大的。"作为一家互联网公司，小米内部达成的第一个共识是完全有可能不靠硬件赚钱。对于所有手机公司来说，卖手机赚钱是他们最主要的生意，但对于互联网公司来说，完全可以通过各种后续服务来获取收益，这是互联网公司跟硬件公司最大的差别。小米不以手机盈利为目的，而是借鉴互联网的商业模式，以品牌和口碑先积累人群，继而把手机变成渠道再盈利。所以，小米手机在刚一亮相的时候，就采用了跟其他手机公司完全不同的策略。这种模式和亚马逊的Kindle模式相似，硬件不挣钱，甚至略微赔钱。更在意用户口碑，良好的用户口碑可以带来后续巨大的收益。雷军承诺，因为刚刚开始创业，小米的采购能力只能卖这个价钱，随着小米的发展，采购能力增强了，会推出更高性能、更好性价比的产品。

雷军浇铸的"小米模式"会给整个手机工业带来新的变化，他做的一切都是从一点点小想法开始，慢慢地积累，不急，不躁，隐忍一段时间，一鸣惊人。可能初期的时候并没有石破天惊的举动，但它给这个世界带来的变化会一步一步显现出来。

小米手机的超高性价比，是雷军挥向手机市场的撒手锏。

3.低调布局,小米不可能失败

小米创立之初,还只是一家名不见经传的公司,默默无闻地发展着。但从2011年8月16日小米的第一款手机发布开始,小米就进入了人们的视野,并迅速占领智能手机的高地。

2010年,对小米这家公司,业内有许多传闻,大多数传闻都是这样的:雷军从谷歌、微软这样的大公司,挖来了很多厉害的工程师,所有人都在玩命地干,相继做出了许多软件。可真正了解小米的人却很少。不过,对于小米,几乎所有人都认为它未来会在移动互联网应用和软件上大展拳脚。

小米公司豪华的联合创始人班底,绝大多数是做软件出身,用一个夸张的说法:小米的每一个毛孔里都流淌着互联网思维。这也能理解为什么业界对小米的猜测会是如此了。谁都没有想到,小米会往手机方面发展。而事实上,这样的一批人要做手机,特别是要想把手机做好,必然会走一条很长的路。

2007年年底,第一款iPhone现世,在市场上引起了一片哗然,而iPhone的出现,也为雷军带来了巨大的希望和热情。本来就是雷军偶像的乔布斯,这下更让雷军对他崇拜万分了。但是,雷军在崇拜乔布斯之余,还是一直在给乔布斯的产品挑毛病:电池续航时间短、不能转发短信、设计不合理、信号不稳定,等等。后来,雷军在一次采访中说道:"我就搞不懂,手机为什么能卖那么贵。电脑行业5%~10%的毛利就已经很不错了……我对移动互联网已经非常了解了,iPhone使我对做手机产生了浓厚的兴趣。这种软件、硬件和互联网结合的趋势让我开始琢磨怎么做手机。"

机缘巧合之下,在2010年4月,雷军的一个师弟李华兵给雷军发来一封邮件,向他推荐一个从德信无线出来的无线业务团队,这个团队拥有一个梦想,就是希望能做出一款独立的手机硬件。这样的想法让雷军肯定了自己的梦想。于是,雷军大力支持他们,随后这个团队被更名为"小米工作室",这就是小米公司的前身。

在这个无线业务团队的基础上,雷军开始广纳贤才。2009年10月,雷军向一直保持密切联系的林斌发出邀请,希望他能够与他共同创业。雷军的邀请着实让林斌大吃一惊,林斌原以为雷军只是要他投资而已。此时的林斌过着舒适的外企高级职业经理人的生活,职业和生活都处于非常稳定的状态。对于林斌来说,现在创业无疑是一件机会成本很高的事情。

但契机很快就来临了。2009年9月,林斌的顶头上司李开复宣布辞职。2010年1月,谷歌正式宣布退出中国市场。在谷歌宣布退出中国市场之前,林斌经过一番深思熟虑,最终答应了雷军的邀请。当时,林斌反复问了雷军两个问题,第一个是:"你什么都有了,创业图什么?"第二个是:"你有没有雄厚的资金支持?"雷军仅仅用了一句话就打消了林斌的顾虑,加入到小米的团队当中来。雷军说:"如果拿不到钱我自己出,我就有这么多。"雷军和林斌结成队伍之后,第一个目标就是要找到一个做移动互联网的强势团队,势必要保证在移动互联网的工程、产品和设计三个层面上,都要有一个高手坐镇。两人经过商量,最终决定分头行事。2009年11月,雷军首先找到过去在"金山"时的旧部——黎万强,而林斌找到的是过去他在微软的旧部——黄江吉。当时,黎万强已经辞职,本来他打算开一家影楼,做商业摄影生意。而黄江吉的加入,则是他在微软负责的Windows Mobile项目刚刚被总部叫停的机缘之下。

2010年2月,林斌找到他在谷歌的下属,谷歌前中国高级产品经理洪峰。一开始雷军找洪峰谈话的时候,任凭雷军说得绘声绘色、口沫横飞,洪峰始终都是面带微笑,一言不发。雷军心里开始打鼓,他不知道洪峰到底是什么意思。片刻之后,洪峰才开口问道:"你有硬件团队吗?你认识运营商吗?你能弄到屏吗?"当然,雷军的答案肯定是否定的。但是洪峰最终还是被说服,加入到这个创业团队当中,负责移动互联网产品的开发。林斌说:"洪峰等于帮助我们把思路重新理了一遍,不再是头脑一热的状态。"据说,洪峰决定加入的时候就说了这样一句话:"人靠谱,事靠谱,钱靠谱。"初始的创业团队差不多完善了,但是林斌还是在发愁。

"当时我们就三四个人,大家坐下来开始写代码。写什么?当时这是个很关键的问题。我们有个蛮大的梦想,但是梦想一步步实现需要很长时间,我们需要一个切入点,让公司运转起来。这个产品得有亮点,但是不用太多,一个就够,能够快速迭代。"关于创业切入点这个问题,小米的创始团队接连开了两次会。会议总共有14人,其中有一半来自"金山",另一半来自微软。这样的人员组合,其实对于雷军来说,也算是符合他内心的一个标准:微软来的成员懂互联网,"金山"来的成员懂"地面战"和维护用户,这样的搭配才算得上是完美。

2010年4月6日,小米完成注册,注册名为:北京小米科技有限责任公司,办公地点是北京北四环海淀区的银谷大厦807室。从此,雷军等人开始了艰难的创业之行。

小米公司开始创办时极为低调,刚开始时他们从事的是智能手机软件开发和互联网应用。在成立公司后,小米科技很快就启动了第一个项目:小米司机。

很快，与小米司机同期开发出的几款应用软件就被叫停了。而这几款软件，实则是为了给小米的团队磨合练手的。通过这几款软件，小米的团队已经能完好配合。

4.重视细节，细节是创新之源

要说重视细节、追求完美的"狂人"，非"苹果"的灵魂人物乔布斯莫属了。美国一家投行的资深分析师保罗·诺格罗斯在一篇文章中写道："近乎变态地注重细节才是乔布斯的成功秘诀。"

乔布斯曾经为了重新设计OS业X(麦金塔计算机的专属操作系统)系统的界面，几乎把鼻子都要贴在电脑屏幕上，以便对每一个像素进行比对，他说："要把图标做到让我想用舌头去舔一下。"很多人都曾说乔布斯对"苹果"产品过分追求完美，近乎病态。然而我们却看到，他关心的是与产品有关的细节及其带给用户的体验。

"苹果"产品的风靡告诉我们，创新就在我们身边，要想把创新精神贯彻到底，就要做好工作中的每一个细节，把每一个细节做到极致，也是一种伟大的创新。

将乔布斯视为偶像的雷军在对细节的重视上丝毫不逊色于乔布斯。

"小米科技"在初创之时就被业界人士解读为——雷军正试图在中国复制一个乔布斯的"苹果"。但是雷军做小米手机并不是让其成为"苹果"的复制品，小米手机是国内首款双核1.5G主频手机，为全球主频最快智能手机,售价仅为1999元,一上市就被订购一空。雷军说:"小米手机的优势就是它的性价比。"

雷军指出,小米手机将以"能打电话"的智能手机作为突破口,解决智能手机的信号、待机时长等问题,用CSP模块,从起点开始提供完整解决方案,而不应该把这些割裂开来。不论在设计、运营和营销方面,小米手机都有自己的独到之处。这是小米手机的创新点,这些创新让小米手机有了自己的灵魂,而这些创新点是靠它的细节来支撑的,所以,小米绝不是简单的复制。

小米手机的所有细节都是基于对用户的考虑,例如,在选用显示屏上,"小米"没有跟随三星和HTC的4.3英寸屏,太大的屏幕让手机体积过大,反而失去了手机存在的意义。因此,"小米"选择了更为适合亚洲人的4英寸屏幕,除了保证显示效果外,更注重手机的把握舒适感,63毫米的机身宽度可以让用户轻松把握。小米手机的屏幕显示效果也非常优秀,可以给用户细腻而绚丽的显示效果,颜色柔和偏暖,4英寸屏、主流分辨率细腻程度中规中矩,而对于分辨率,"小米"并没有刻意去追求qHD(quarte High Definition,数码产品屏幕分辨率的一种,960540像素)这样的配置,因为FWVGA(Fwll Wide VGA,数码产品屏幕材质的一种,比VGA分辨率高,854480像素)已经足够使用了。

小米手机的推出在手机行业刮起了一阵硬件创新风,但软件方面同样重要。小米手机所采用的基于Android(安卓或安致,一种以Linux为基础的开放源代码操作系统)优化而来的MIUI系统在发烧友中很受欢迎,但是普通用户却不一定了解其中的不同之处。MIUI界面适合国人使用,当你作为使用者时,你就能体会到"小米"的良苦用心,其中很多细节都是为了迎合消费者的使用习惯而精心打造的。例如,小米手机的解锁系统,它看似是一个很小的改动,但是却充分体现了一个企业是否真的对消费者用心。很多国际大厂到现在都没有解锁系统，这让一些追随者不得不转战其他品牌。小米手机的解锁系统，让其不用在界面上受手机制造商的制约，随意更换原生界面或者第三方界面，对于开发UI（用户界面）起家的"小米"来说，这一个小细节的改动确实是非常用心的。

小米手机在小细节上的创新深受用户喜爱，像快捷截图、快速启动音乐界面、一键手电筒、人性化的短信优化、双手整理程序图标、定时拍照功能，等等。从这些细节中可以看出小米手机在MIUI系统上确实下了一番工夫，带给用户很多贴心的功能。作为一个可以给主流厂商机型使用的第三方优化ROM，MIUI给Android用户带来了不少帮助。同时，我们也能看到，小米手机不仅仅是其所强调的硬件方面的彪悍，系统方面也在寻求"超越"Android，以吸引用户的突破。就是这种基于用户体验的细节上的改动，让小米手机真正走进了用户的生活，走进了用户的内心，它是实实在在的为方便消费者使用的一款手机，它就是"小米"，绝非"苹果"。

小米手机无疑是雷军及其团队的一个伟大的创新作品，而其创新成功的关键就在于"小米"在细节上下了真功夫。就像20世纪伟大的建筑师密斯·凡·德罗在被要求用一句话来概括其成功的原因时说过："魔鬼在细节。"他反复强调，不管你的建筑设计方案如何恢弘大气，如果对细节的把握不到位，就不能称之为一件好作品。细节的准确、生动可以成就一件伟大的作品，细节的疏忽会毁掉一个宏伟的规划。

我们不难看出，每一项创新都会给企业带来新的活力和高速增长，而这些创新都不是什么轰轰烈烈的举措，而是对各个环节、各个局部的合理调整。正是这些细节上的不断创新，使"小米"运转得更有效,产生了更大的利润。

一向以创新意识著称的海尔集团总裁张瑞敏曾经说过:"创新存在于企业的每一个细节之中。"创新不是那种浮夸的东西,它要做的只是某件具体的事。

确实,海尔集团在细节上创新的案例不胜枚举,仅公司内以员工命名的小发明、小创造,每年就有数十项之多,而且这些创新均已在企业生产、技术等方面发挥出越来越明显的作用。虽然每一个细节看上去都很小,但是这儿一个小变化,那儿一个小改进,就可以创造出完全不同的产品、工序或服务。如果说创新是一种"质变",那么这种"质变"经过了"量变"的积累,就自然会达成大的变革和创新。很多事情看似简单却很复杂,看似复杂却很简单。企业的经营,只有重视细节,从细节入手,才能取得有效的创新。

企业要真正达到推陈出新、革故鼎新的目的,就必须要做好"成也细节,败也细节"的思想准备。否则,所谓的创新只能是一句空话。

一个企业要创新,必须加强对细节的关注。要想在残酷的社会竞争中立于不败之地,就必须警惕那些容易招致失败的细枝末节。任何一项伟大的事业,离不开细节的积累,都需要聚沙成塔。注重细节,久而久之,形成习惯,才能不断趋于完美,给你带来巨大的收益。

5.创造新价值,不仅是开发新产品

创新是一个企业在竞争中制胜的法宝。我们可以看到,凡是能够做大、做强、做老、做久的企业,都会坚持不断创新,而那些生命力不强的企业,多是由于创新能力不足导致了落败。

当然,对于企业来说,创新不是一件容易的事,它往往需要很长时间才可以自发完成。

2010年4月,小米公司在北京中关村的银谷大厦成立,当时公司总共有14个人。"小米"刚成立时,知道它的人非常少,几乎所有人都认为雷军这家公司是以移动互联网应用和软件开发为主要业务的。小米公司最初的一班人马,绝大多数是做软件出身,所以人们都说:"雷军从谷歌、微软挖了好多厉害的工程师,所有人玩命干,陆续做出了好多软件。"这样的一批人要做手机,注定要走一条很长的路。

在成立之初,"小米"的行动规划也确实如此:先从最擅长的软件开发开始试水,做完移动应用看情况,再开始做操作系统,然后从操作系统再到做手机硬件。

在外人看来,"小米"最初始的基因、能调配的资源、最擅长做的事,都应该是在软件和互联网这个圈子里。但雷军从"金山"、卓越网,到投资UC、多玩、凡客诚品,这一路走来,最终告诉大家,小米公司其实有一个最大的目标,那就是做智能手机,做出世界级的好手机。今天,手机已经不再是传统的通信工具,手机已经和电脑合而为一,其内涵还在不断派生和延伸。也许在不久的将来,我们看到的手机已经超越所有想象,拥有强大而繁多的功能。

雷军称,伟大的产品是永远不会抄袭别人的,如果别人说你抄袭只能说明你做得不够好。只要能够创新,小米手机一样能创造奇迹。"小米"团队要打造一款"顶级智能手机",而要做智能机,首先要为其选择一个操作系统。操作系统要怎么做呢?"小米"团队从一开始就把自己开发一个全新的操作系统这个想法否定了。因为,以现在公司的实力和规模来看,开发新的操作系统难度较大。对一家新公司来说，全新的操作系统意味着必须找到手机硬件厂商合作，没有硬件就没有用户，这条通往用户的道路过于曲折。"小米"的工程师选择了Android操作系统。MIUI是小米公司旗下基于Android系统深度优化、定制、开发的第三方手机操作系统。从用户界面、人机交互开始，针对用户量足够多的Android机型开发主程序内核，在软件应用创新、软件开发模式创新的同时，摸索硬件的大门。

雷军尽量让"小米"这家公司的基因和逻辑，看上去和我们见过的任何一家公司都不一样。针对中国台湾媒体称小米手机是"最夯山寨机"说法时，雷军也没有回避，他说："台湾厂商的确出了一批世界级的公司，他们有资格看不起大陆厂商。所以，'小米'要加油，要让台湾媒体另眼相看。"

创新让小米手机有了灵魂，当你使用它时就会发现它绝不是大家想象的山寨机。通过对Android系统的改造，"米聊"这个功能成了小米手机的又一个创新点，它建构了一个在手机与用户界面之上的社区，丰富和延展用户在手机上的人际关系和行为，像Facebook（社交网络服务网站）那样沉淀下来更多的用户数据和行为，成为下一个"软件金矿"。"小米"一方面不断深化程序与手机硬件交互，另一方面不断优化手机联系人与手机的交互方式，比如"超级手机通讯录"等功能。

"小米"通过这种专用社区的方式积累了最大的用户数量，并从用户反馈中不断汲取经验与力量，每周一次更新MIUI操作系统的功能，为"小米"收获了一批忠诚的用户。而在此之后，小米手机在应用和功能上必须足够丰富。雷军说，小米手机的竞争力就在它的创新点上，这个创新点主要体现在小米手机的操作系统可以快速、持续升级，他说："因为我认为手机可以替代PC成为大众最常用的终端，这样看来操作系统需要不断升级，通过不断的迭代升级来满足用户需求。"一年之后,MIUI也取得了不俗的成绩。论坛上的主要帖子动辄成千上万人浏览、评论,拥有超过30万人的社区开发者,甚至有许多来自海外各个国家的MIUI"粉丝"形成组织。

在一场被网友称作是在向"苹果"和乔布斯致敬的发布会上,雷军揭开了小米手机的神秘面纱。雷军说小米手机是他的最后一搏,对此他给予了厚望,他说:"小米手机已经上市了,很多用户也开始购买使用,有人告诉我小米手机没啥创新,这让我觉得很尴尬。"但雷军对小米手机有信心,他相信小米手机的创新之处和别的智能机不同,它会创造不一样的奇迹。雷军对小米手机的创新有自己的看法:"可能很多人对创新的理解都是要颠覆、要石破天惊,但事实上我们在规划小米手机的时候,已经融合了很多创新点在里面。"

企业创新指的是创造新价值,而不仅仅是开发新的产品。创新的意义在于为顾客(从而为企业)创造新的价值。因此,企业创新并不一定要求开发新的产品(实际上这也是远远不够的)。只有顾客才能通过他们的钱包来对创新的价值进行评判。企业认为自己如何具有创新意识并不重要,重要的是顾客是否会掏腰包。

的确,像"小米"这样一款讲究实用性的手机,他的创新就是让自己能够走进人们的生活,让使用者体检到它人性化的设计,满足用户对智能机的一切需求,这就是小米手机的灵魂。所以,小米手机采用了Android优化的MIUI操作系统,并率先采用了双核1.5GHz高通芯片,1G的内存,4G米ROM(Read-only Memory,只读内存)以及夏普4英寸屏,并配有一块1930毫安的大电池,号称联网待机时间可以达到450小时。雷军表示,小米手机是当时全球主频最快的智能手机。

当今社会科技发展日新月异，各行各业中创新无处不在。谁敢说"苹果"是手机创新的终结者？也许这只是刚刚开始，小米手机的出现就充分证明了这一点。有人说不要再谈什么创新。他们认为，创新只是一种被喊烂的口号，认为创新不过是愚人的游戏。这是错误的认知，我们必须承认，没有创新，只有死路一条。"小米"从诞生之日起就从未停止过创新，在应用、操作系统和手机三个层面上不断创新，一些带有"小米"特色的软件，如迷人浏览器、小米便笺、小米分享、小米司机等相继应用到小米手机上，让用户随时都能体验到小米手机的创新性。

创新就是灵魂，没有创新，就没有竞争力。在市场竞争激烈、产品生命周期短、技术突飞猛进的今天，创新能力已成为创业成功的保障，企业生存和发展的关键。企业创新可以有多种形式。创新可以在业务系统的任一维度上发生。例如，家得宝(Home Depot)围绕爱自己动手者这一服务不足的顾客细分市场进行创新。再如，捷蓝航空公司(Jet Blue Airways Corp)通过提供更好的客户体验(包括卫星直播电视、皮革座椅和穿着时髦的乘务员)，在美国国内航空市场取得了成功。

企业创新是系统性的活动。成功的企业创新要求你对业务的方方面面考虑周详。如果没有良好的营销渠道，产品再好也注定会失败，其结果就像新的技术不能最终为用户提供有价值的应用一样糟糕。因此，企业进行创新时必须对业务系统的所有维度加以考虑。

6."铁人三项":小米制胜之道

小米为什么能在4年时间内取得如此巨大的成功?

一种观点认为,小米的成功在于饥饿营销。但是,小米手机问世之后,效仿者不在少数,甚至包括三星、华为,为何小米一骑绝尘?

小米的成功,根本原因在于其独特的商业模式。

面对外界对小米模式的困惑,雷军曾这样解释:"小米模式,相当于苹果、谷歌加亚马逊。"他认为,苹果之所以做得如此成功,很大程度上是因为苹果的软件、硬件以及体验都做得很出色,而谷歌和亚马逊的成功是因为互联网。

受此三大成功企业的启发,雷军觉得最好的模式应该是集合这三者的优点。因此,他希望小米能够集"软件+硬件+互联网"的"铁人三项"为一身,只有这样,小米手机才能将整体的用户体验做到最优化。

其实,早在小米创立之初,雷军就向他的团队提出自己的理念:小米要同时涉足硬件、操作系统、互联网应用3个层面,要将小米做成一家"铁人三项"的公司。于是,这才有了7个创始人分别来自软件、硬件、互联网领域的著名企业微软、谷歌和摩托罗拉这3家公司,甚至一半以上的研发队伍都是来自这3家公司的豪华阵容。

酷爱玩手机的雷军也曾经将苹果和微软、谷歌、摩托罗拉这3家的手机做了一个对比,他发现,苹果就是将后3家公司的优势融合了起来。尽管后3家公司在某一方面是超过苹果的,但是综合起来看,它们被苹果远远地甩在了后面。

于是，雷军得出一个结论：在移动互联网时代，要想成功创办一家企业，就要做到软件、硬件和移动互联网3种资源的高度匹配。而雷军要做的是一款集中苹果所有优点并且弥补苹果弱点的高性能手机。这是雷军最初的想法。

最开始，雷军并没有找到占领手机阵地的切入点。小米团队做了一个小产品叫"小米司机"，用户可以用它查询违章记录。但是，这个小产品推出以后，用户体验不尽如人意——如果没有违章，用户查不到任何记录；而若是查到违章，用户又直接都转移到QQ上，并且腾讯已经将这个又顺延到手机上，这样一来，米聊就没有了竞争性。

不过雷军又发现了QQ的一个缺陷：必须双方都在线，QQ才能发挥作用。于是，雷军就将这个作为突破点，把米聊变成这样一种通信工具：和通讯录紧密相连，换号之后不用群发信息告知，别人一样能在上面找到你，发短信打电话不受任何影响。

于是，米聊渐渐地实现了和QQ一样的功能，并且会从开心网或人人网导入个人资料和好友关系，制作自己的名片——这些实名制的社区通常有用户的姓名、照片、工作单位或者学校。如此一来，米聊就相当于一个实名制的数据库，实现了好友推送"你可能认识的人"，也就是通讯录中有你的手机号，但你可能已经丢了他的号码的朋友。用户还可以根据米聊号、用户名、学校、单位等信息进行查询。

作为微博的活跃用户，雷军又从微博上面得到了启示：因为微博上的内容人人都能看到，所以发微博的人心理上是有压力的。他想，如果米聊能解除这样的压力就好了。在这种想法的驱动下，米聊的广播变成只针对封闭链接的好友，可以随心所欲地记录生活琐事。如果用户看到好友转发了别人的消息，还可以点过去看那人的名片，再决定要不要添加好友。

在米聊200万注册用户中，有60%~70%的使用者是年轻人，用户群体正从IT圈向学生族发展。米聊最活跃的使用时期是中午的10～12点，以及晚上的10～12点。渐渐地，雷军从米聊用户的统计数据中总结出一条规律：用户的使用需求并不是以通信需求为主，更多的是娱乐需求。这个时候，雷军对于米聊的定位开始明朗化了。他想起了Facebook，一个奇妙的设想在他的脑海中形成，若是在小米上安装这样一个软件，那该是多么完美的组合！

于是，米聊渐渐地发展成一个类似于Facebook的产品：依靠手机通讯录的关系建立米聊ID，而后围绕这个ID捆绑更多的社交产品。米聊的"好友"也采用双向认证机制，这就能足够地保证用户的隐私性，为用户自由的聊天氛围提供保障。

而"广播"则是公共墙，未来或采用单向关系往微博方向转变，并支持图片分享。用户在填写"名片"后，系统将根据名片中的关键词自动推荐与用户匹配的好友。随后，米聊与小米科技旗下产品基于Android的手机操作系统MIUI进行了完美的整合。

这样，一个类似于Facebook的产品"米聊"就在具有"铁人三项"基因的小米手机上扎根落户了。截至2013年12月雷军获得"中国年度经济人物奖"时，MIUI操作系统已超2500万用户，米聊用户数达到4000万。

但是，雷军认为，小米并不是简单地将"软件+硬件+互联网"累加起来。他说："互联网行业的规律：击败雅虎的不是另外一个雅虎，是谷歌；击败谷歌的是Facebook。做'中国的苹果'根本没戏，再看长久一些，你一定会发现'小米'和'苹果'走了完全不同的道路。"

而且，小米还具备互联网企业应具备的开放心态。对于目前的平台之争，黎万强曾向媒体公开说："小米自己做米聊，和腾讯的微信算是竞品。但小米在做社会化营销合作时,我们依然会投入地与腾讯旗下微信、QQ空间合作,甚至红米的首发都放到了QQ空间上。"

正如雷军所说,小米在"铁人三项"这个领域的确是遥遥领先的。

"小米"不只是手机公司。目前为止,"小米"的销售收入绝大部分来自硬件,且其中大部分来自手机,给人"小米是一家手机公司"的感觉。然而,"小米"将手机硬件卖给用户之后,其软件支持和互联网服务才刚刚开始,有别于以硬件为核心的传统手机公司。另外,"小米"的产品线已经拓展到电视、机顶盒、路由器,我们相信随着时间的推移,"小米"的触角还将延伸到更多的品类。

对"小米"而言,硬件终端是其软件、互联网服务的载体。以小米3手机为例:硬件上,这款4核、5英寸屏的手机在推出时采用高端配置,外观设计简洁大方,性能在国产手机中处于前列;软件上,小米手机的操作系统是基于安卓开发的MIUI,这个操作系统开发完善,有很多贴心的设计,而且还在不断吸收用户的意见,每周更新;服务上,小米用户可以获得WiFi快速登录、小米云服务等一系列互联网服务,用户在小米论坛、微博上面发帖提问或者表达不满,一般都能在一小时内得到回复。

小米"铁人三项"已经产生了互补效应。小米的"铁人三项"中,软件是小米的最强项,其MIUI系统是目前国内业界公认最好的应用层操作系统;硬件是重要的得分项,高配低价的策略为小米聚集了大量粉丝,是小米抢占互联网入口的重要工具,也是小米现金流的重要来源;而互联网服务是小米的弱项,目前为止所做的尝试都还未取得突破。不过,用户并未由于互联网服务差强人意而放弃小米,很大程度上得益于"铁人三项"模式的互补效应：用户被"小米"的软件、硬件吸引,因此也包容了"小米"互联网服务中等的表现。

更进一步地讲,"小米"实现了"铁人三项"的战略整合。不追求在其中某一项的第一,而追求三项综合得分的领先。

很多业内人士说"看不懂""小米",一个重要原因就在于"小米"将互联网思维带入硬件和软件领域,由此派生出很多新的经营策略,比如硬件高配低价、软件快速迭代,都是传统的硬件、软件企业没有做过的。

7.能承受失败才有创新

企业的发展是依靠技术的不断进步、产品的不断出新和管理的不断变革来完成的。创新能够取得成功固然令人振奋,但也难免会有失败,创业者、企业经营者应当做好心理准备。把失败当作一堂课程,当成一种教育形式,勇于面对、接受失败,从失败中吸取教训,无疑是智者的选择。因为,能承受失败才有创新。

回顾现代企业一百多年的发展历史,哪些企业和企业家在享受成功的喜悦之前,没有品尝过失败的苦涩?一个成功的创业者,一定是敢于正视失败的人,他们在每次失败后,都能够客观地分析失败的原因,从中吸取教训,克服自身以及企业发展所存在的问题。的确,对于一个能够正确面对成败的人来说,教训一样可以催人奋进,激励自己去不断拼搏进取,使事业愈发有成。

失败多于成功，这是事物发展的一般规律。就像跳高运动员需要经过千百次的失败，才可能越过一个新的高度一样，企业和企业家们也需要经历无数次失败的痛苦，才能到达成功的巅峰。正如一位成功的企业家所言："我们更愿看到那些即使失败也要创新的公司，那些即便暂时亏损也要搞研发的公司，也更愿意看到一个垃圾公司和伟大公司并存的创业板，胜过一个所有公司都默默无闻、无所作为的创业板。"

创新是一个不断突破、不断超越的过程，这个过程并不是一帆风顺的，创新无处不在，风险也无处不在。创新就如同"沿着陡峭山路向上攀登"，失败往往多于成功。为成功者叫好易，为失败者鼓掌难。如何为探索者破解"只许成功，不许失败"这个"紧箍咒"呢？雷军说，自己过去总是跟创业者这样说："如果我投资了你，我输一次没关系，你还可以再创业第二次、第三次，每输一次你就多了一些经验。很多创业者在创业失败后受到鼓励和支持，在下一次创业过程中成功的可能性很高。"创新是一件风险很高的事情，因此直面失败，跳出"成王败寇"的窠臼，积极总结经验教训，才能真正让失败成本转化为成功资本。

雷军认为，创新其实很简单，创新就是做别人没有做过的事情。而做别人没做过的事本身就是一种挑战。雷军看好移动互联网的行情，决心要开发一款全新的智能手机，这对雷军来说不是100%能够成功的事。虽然他有多年的互联网经验，又是成功的"天使投资人"，有实力和眼光，但移动应用和智能手机根本是两个完全不同的领域，其中的困难可想而知。雷军对它是否能成功也不太拿得准，他后来在接受采访时还开玩笑地说："我们为什么一直很低调？因为我们当时想好了，事情如果做成了就成了。万一做不成，我们就说自己从来没做过！"

　　有机会就有成功的可能，但也表示有失败的可能。创业如此，创新更是如此。但雷军并没有被未知的危险吓倒，他决心重新开始，"回来做一部很有诚意的智能手机，而且我此前又从未涉足过。"总有人对此发出质疑的声音："一个做软件、一个做互联网应用的人做智能手机？"无论如何，"小米"已经启动，开弓没有回头箭。

　　在小米手机设计之初，雷军就有了无数的创新念头，他想让这些创新点在小米手机上全部实现。有人问："为什么是手机呢？你对创新有把握成功吗？能不能做手机的互联网品牌，能不能做一款全互联网销售的手机？"雷军认为，创新就是要有面对失败的勇气和战胜失败的乐观精神，要有宽容失败的心，要创新首先要打心理战。他说："创新的风险很大，绝大部分创新最后都是失败。所以，我认为，创新的本质是不惧失败的勇气！"尤其是在"谷歌"开发做Nexus One失败的时候，大家都在劝雷军要小心尝试，可是雷军却坚持认为自己的想法有很大的可行性，他说："移动通信应该是这个时代最大的机会了，谷歌做Nexus One不成功，不表示在互联网做'小米'不成功。我的优势就是我有互联网的经验。"

　　对于创业者来说，若想取得成功，就要有乐于创新、允许失误、宽容失败的良好心态。雷军说："只要我们有这样的心态，创业时心理包袱才会轻，因为我们整个社会在过去都是在鼓励成功的，其实真正需要提倡的是包容失败。"此言一出，掷地有声，道出了无数热爱创新的人的心声。创新是对未知的探索，是一个不断试错的过程。要创新就会有失败，要想创新成功就要勇敢接受失败。

　　每一次成功的获得，可能会经历很多次失败。每一个积极、创新、追求成功的企业都有一大特色，那就是有容忍失败、承受失败的宽宏雅量与坚强心志。对失败的容忍与承受已成为优秀公司的企业文化内涵之一。小米手机能取得传奇般的成功，就因为那里的失败者不但不会遭到歧视，还会得到善待。试想，如果在技术创新和产品研发的道路上，一旦失败就招来批评和棒喝，甚至被一棍子打死，还有谁敢尝试创新？

当然，宽容失败、承受失败并不表示无原则地纵容失败，更不是鼓励随随便便失败。失败背后的创新行为，应该是源于成功的需要，并且是遵循客观规律、经过认真论证、付出了艰苦劳动之后，留下的经验教训。这与那种因违背规律、盲目蛮干，草率行事、不负责任而导致失败的所谓"创新行为"不同。

"小米"就是这样一家积极、创新、追求成功的公司。创新需要有包容的制度、文化和环境作保障。小米人都喜欢创新、快速的互联网文化，不会有冗长无聊的会议和流程，为全体员工打造一个有利于创新的宽松氛围。

创新之中总蕴含着风险，可能会为此付出代价，导致一时的利益受损，但从长远来看，失败的经历十分珍贵，可以为以后的探索奠定基础，正所谓"失败是成功之母"。只要有毅力、有恒心，坚持下去，百折不挠，创新就一定能成功。创新就是要经得起挫折，经得起失败。每一个创业者都应该记住：能承受失败才有创新！

第七章

互联网思维"智造"小米神话

....

1.走在"移动浪潮"的最前端

　　起源于20世纪初的美国天使投资，到了20世纪末才在中国出现。由于国内没有相关的法律和制度保障，天使投资风险特别高。雷军刚开始做天使投资的时候，"天使投资"在国内还是一个新的名词，没有那么多的知名人士戴着天使的光环到处演讲宣传他们的理念，这个领域内还没有形成有中国特色的天使投资群体。

　　法律规范的缺失使得天使投资人在中国面临着巨大风险。在美国，相关的法律制度已经非常完善，投资人和创业者都受到法律的保护，合作非常轻松，但中国只有《投创企业管理办法》一个基本的铺垫。这条路走起来异常困难，天使投资的成功率在国内不足10%。

　　雷军就是在这样的情况下走上天使投资的道路的。

和众多早期的天使投资人一样，雷军对天使投资的高风险也十分忌讳。尽管他做天使投资的初衷是回报社会，支持科技创新，但是在天使投资还没有走上正轨的环境下，天使投资人所面临的高风险使天使投资具有更明显的赌博色彩和一种碰运气的感觉。

但是，此时的雷军已经总结出"创业要站在风口上"的商业智慧，当意识到移动互联网将要席卷而来，他开始关注移动互联网企业。用他自己的话说，就是"拎着一麻袋现金看谁在做移动互联网，第一名不干找第二名，第二名不干找第三名"，试图凭借自己的金钱和经验创造出几家伟大的企业。

于是，在雷军的投资名单上，很快就出现了一些闪亮的名字：互联网快时尚服装品牌凡客诚品、网上鞋城乐淘、奢侈品购物网站尚品网、移动浏览器UCWEB、电子支付运营商拉卡拉、多玩网、语音聊天软件YY（多玩旗下产品）以及休闲游戏7K7K、网络安全厂商金山网络、移动社区乐讯等20多家公司。

雷军有着别人少有的前瞻性，他的目光十分敏锐。离开金山后，他就已经预感到移动互联网会是下一个风向。看准了这个风向，雷军向一个只有十几个人的小公司注入了一笔资金，这就是雷军投资的第一个项目UCWEB，它来源于You Can Web的缩写，意思是"你能够随时随地访问互联网"。

在投资UCWEB时，这家小公司甚至连车票都买不起，眼看着就要倒闭了。但雷军说："这家公司今后的估值一定会远远超过你们的想象！"2012年，UCWEB的估值是3亿美元，成了腾讯进入移动互联网领域的头号敌人。

雷军后来投资电商，是受到过谷歌启发的，谷歌之前也尝试过类似的方式，Nexus One（谷歌公司于2010年推出的一部3G智能手机）就是通过互联网销售，但最终失败了。而这个时候，之前做卓越网的经验帮了雷军的忙。他发现，之前的电子商务是在做概念、做未来，而现在是要做生意。

雷军对这个领域非常看好，于是陆陆续续地投资了拉卡拉、乐淘和凡客诚品。慢慢地，雷军看到了自己几年前的设想正在一点点变成现实：无论是用户还是支付、配送各个领域和各个环节，电子商务到今天已经非常成熟。

在投资社交方面，最具代表性的要数李学凌的多玩网。在创立之初，雷军投入了100万美元，并给了李学凌不少的引导。2008年左右，多玩网已经实现赢利，并且陆陆续续地获得了三四轮融资，蓬勃发展。多玩网是一块令雷军兴奋的资产。有人笑称：腾讯是中国最大的网络游戏厂家，你去腾讯玩游戏，玩家用的全是多玩旗下的YY语音。目前，YY同时在线人数达到数千万人，腾讯QQ2014年宣布同时在线人数超过1亿人，在PC(个人计算机)即时通信领域，歪歪是唯一可以与腾讯叫板的产品。

新东方原"三驾马车"之一、真格基金董事长徐小平这样评价雷军："我最欣赏的天使投资人是雷军，他喜欢以创业的方式来做投资，有时脑袋中有个点子，就开始和朋友一起探讨，然后找投资，一步步把公司创立起来。"在雷军投资的公司中，有十几家公司是从零开始的，甚至有的企业名字都是他起的。

作为天使投资人，雷军一直认为只要跟移动互联网相关的，都有可能成功。

因此，雷军整体的投资布局主要有"3个方向"和"5条线"。3个方向是移动互联网、电子商务和社交平台，5条线：

第1条是宣传线：投资专注移动互联网报道的雷锋网，以及线下的社交会议组织长城会，即全球移动互联网大会GMIC的主办方。

第2条是电子商务线：凡客诚品、乐淘、尚品网。

第3条是移动入口线：移动互联网入口UCWEB、线下支付入口拉卡拉、语音入口YY、瓦力语聊、iSpeak、多看阅读。

第4条是社区线：旅人网、好大夫在线、多玩网、乐讯网。

第5条是软件线：金山、可牛、喜讯无线。

雷军的投资原则无不表现出他对移动互联网"卡位"的诉求，其布局的完整性和系统性与同行相比，都更技高一筹。到小米科技创办时，雷军已经是17家初创型企业的天使投资人。这些企业沿着移动互联网、电子商务和社交3条线整齐分布。

而且在雷军投资的公司中，很多估值都远远超过金山。2010年年初，有媒体估算这些公司总资产为16亿美元；2012年4月，这些资产至少翻了10倍，达到150亿~200亿美元。雷军投资的公司长势喜人，在向来喜欢论资排辈的中国互联网领域，他又有了一席之地，《硅谷之火》重燃的时机似乎已经到来。

但事实上，雷军并不是一个职业化的天使投资人，他无法放弃一颗企业家的心，他的投资和创业都是为了追逐自己的梦想：像自己的偶像乔布斯那样，打造出世界一流的公司。因此，天使投资并不是雷军理想的事业，他更喜欢投资自己，做自己想做的事。

因此，尽管作为天使投资人很成功，"雷军系"的许多公司都做得风生水起，很快成为行业翘楚，但对雷军而言，这样的成就还远远不够，有很多公司并不是他亲自创办和管理的，它们只是雷军商业眼光的尝试，承载不了他内心的志向和抱负。带着内心从未熄灭的梦想之火，尽管雷军创造了天使投资的神话，但他仍然觉得意犹未尽。

正是基于这样的想法，小米手机的设想在雷军的心里悄然酝酿，并随着移动互联网浪潮的到来应运而生。这一次，雷军要做的是走在移动浪潮的最前端，牢牢抓住浪潮之巅那朵最闪耀的浪花。

2.用互联网的方式来做手机

创新不是口号，真正乐于创新、善于创新的企业，才能把握住商机，才能得到消费者的青睐。创新来源于永无止境的求变，而首先需要改变的就是思维模式。

雷军很早就接触互联网了，在"金山"的那段岁月里，雷军就利用互联网这个平台打造了全新的"金山毒霸"，这是他在互联网快速发展中寻找机遇的第一次尝试。

2000年，他创办了卓越网，从那时开始深入接触互联网行业。自2003年之后，为了顺应时代的发展，雷军决心改革"金山"，向互联网转型，进军网游，进行国际化拓展，推动"金山"到香港上市，这更是充分展现了雷军把握互联网时代商机的能力。

雷军想把金山打造成一个全新的IT企业，他对记者说："'金山'未来的发展应该是这样的，不再没完没了地卖盒子软件、不再没完没了地推出新的产品包，而是把营销、研发都植根在互联网上，充分把握互联网的口碑效应和人际传播，用高品质的软件产品以及便捷、完善的服务来支撑公司业务发展。"尽管雷军并没有完全实现他的预期目标，"金山"的转型并没有成功，让他有颇多遗憾。但是，他对互联网这个行业仍充满了希望,他意识到,要真正利用互联网这个平台成就一番事业,改造一家公司是不可能实现的,"金山"就是个例子,做一个真正的互联网企业必须从零开始。

随着3G技术的广泛应用、智能手机的普及和网民使用习惯的改变,短短几年间,手机从简单的通信工具开始,正在拥有越来越强大的计算内核。它的CPU(中央处理器)运算能力每年都在成倍增长,从200MHz到1GHz,到双核1.4GHz,不久的将来可能达到2GHz四核——这已经赶上和超过了电脑计算能力的提升速度。移动互联网行业正迎来一个全新的时代。它的发展规模和发展速度,超乎大多数人的想象。这意味着手机不仅将作为移动终端随时随地连接互联网,成为获取信息和用户与网络交互的主要通路,还将取代电脑,为人们未来的科技生活提供主要的计算能力。

如今随着移动互联网的快速发展,广大消费者的生活也因此而在悄然变化,同时互联网产业也在消费者的需求之中开始加速发展,更多的创业者被互联网的浪潮推着前进。百度加大了对其移动互联网业务的投入力度,将移动业务进行重大调整,推出移动终端平台"百度·易",构建具体部门负责移动互联网业务。除百度之外,腾讯、阿里巴巴、新浪、盛大等互联网公司巨头也积极推出腾讯微信、盛大切客等移动互联网的创新性产品。2006年年初,雷军投资200万元给乐讯,这是中国移动互联网上最大的手机社区,这次投资给了雷军灵感,他发现移动互联网是未来互联网的发展趋势。

雷军有信心、有能力在这个移动互联网时代分得一杯羹。他有多年的电子商务经验,熟悉互联网的经营模式,从卓越网、凡客诚品到UC视讯,雷军也算是互联网的老江湖了。于是,雷军集合了一批互联网高手,成立小米科技,开发全新概念的智能手机,"小米"顺势而为,选择移动互联网和智能手机崛起的时代,做移动"应用—操作系统—手机"的全套业务。

雷军说:"小米手机的研发、销售全部都用互联网模式。"这正是小米手机的创新性所在。在研发过程中,雷军在不断思考:"怎么用互联网来颠覆整个传统的手机工业。我们做了很多创新,我们把手机的操作系统当第三方应用程序来做。我们最大限度地利用了社区的力量。MIUI靠口口相传,现在有70万用户。"早在小米手机投产之前,他就已经拥有400万注册的"米聊"用户,这在当时是一款被认为已经开始在手机上颠覆QQ的工具。

通过最大限度地利用互联网,"小米"团队不断寻求产品研发和公司结构的创新。在手机销售及配送方面,"小米"都是借着互联网来完成的。雷军说:"有人问为什么网上零售?因为我们希望干掉所有中间成本!"2012年1月4日,小米手机第二轮开放购买,仅3个半小时,10万部手机售罄。其中,通过支付宝支付的金额高达1.22亿元,近6万多部小米手机,另外还有其他在线支付及货到付款。而在配送方面, 小米借着凡客诚品的系统, 全国200多个城市24小时可以送到。雷军说:"小米手机未来就是移动互联(即移动互联网,是指互联网的技术平台、商业模式和应用与移动的通信技术结合并实践的活动的总称)的一个渠道。"

"如果说20世纪互联网是人类最伟大发明的话,那么21世纪移动互联网将再一次改变我们人类的生产生活方式。"中国联通集团副总经理姜正新这样感慨。小米手机从研发到销售再到服务方式的确都是通过互联网完成的,雷军说:"未来的无线互联网世界注定是'软件+硬件+服务'铁人三项式的竞争,而'小米'已经做好了准备。"

雷军紧紧抓住了这个时代的脉搏,创新都是基于互联网去完成的,他实现了自己的硅谷之梦。

想成功的人都会去努力,可为什么那么多"努力的人"当中,偏偏就只有他们成功了呢?就是因为这些成功的人有着自己独特的创新思维和方法,从而使他们在努力的人群中脱颖而出,使他们的成功永远都是被模仿,却从未被超越。任何事物都是发展着的,企业也要适应时代的变化,不断创新。

有些创业者、企业经营者,总是以一种怀疑的眼光看待时代的进步和发展,以一种批判、敌视的态度对待新事物,习惯用旧有的观念去分析新事物、用老框框去套新形式,不肯深入了解新事物。正是因为缺少发展的眼光、创新的思维,结果他们停留在过去的辉煌上,束缚了迈向成功的脚步。

雷军在一次采访中讲道:"如果你可以把握时代的脉搏,什么时候该到深圳买股票,什么时候该到海南做地产,什么时候应该倒钢材,多得是机会。回顾过去二三十年,历史给了我们这一代人很多机会。对我来说,我错过了太多的机会,我想把握未来的方向,我就选择了移动互联网。"雷军认为,整个互联网、乃至未来人们生活的价值链将无可避免地越来越向移动互联网迁移。他要抓住这个即将到来的移动互联网时代。

3.让小米站在强劲的风口上

雷军认为,只有在看清行业发展方向,选准道路之后,再去埋头苦干,才有大成的可能。

　　而"小米"的创办，既是雷军对过去经验的总结，也是雷军对未来蓝图的设计。之后，小米手机一经发布就掀起巨大的风暴，一直处于供不应求的状态，这一切都超越了雷军的预想。"从创业讲，第一步应该已经成功了，核心原因就是我们运气好，而不是我们有多大本事。在对的时候，干了对的事情。毫无疑问，我们找对了一个风口，一个连猪都能飞起来的风口。能引起这么大的关注，让这么多人知道，就是形势比人强。"雷军不无感慨地说。

　　虽然雷军是少年成名，一入互联网江湖就势不可当、名声大振，他带着"金山"做软件、做游戏、做电子商务，把每个项目都做到细分领域的前几名，但是，当人们看着"金山"非但成不了全球IT业的一流公司，连IPO都要苦战8年，也就不断问雷军："为什么那么多人不如你都能成功？"

　　据说，类似的话一直刺激着雷军，甚至成为他心中解不开的结。到后来，雷军对"金山"的商业道路、价值体系的怀疑也越来越强烈。回顾自己在"金山"16年的风雨历程，雷军感慨万分。当他致力于金山软件开发时，吹着东风的是互联网。站在这个风口上，很多小草一样的小公司几乎一夜之间就长成了参天大树。卓越网夭折时，互联网的台风吹得正强劲，而雷军不得不继续为软件公司的上市而日夜煎熬。

　　实际上，在"金山"的16年，雷军就像是推着石头上山的西西弗斯，有一半时间为了上市目标苦苦攀登。这是个异常艰难的过程，他勤勉、努力，但换来更多的是人们同情的眼光。到最后，苦心经营的"金山"虽然上市了，但是在日新月异的互联网行业，它依然摆脱不了被边缘化的命运。而为了"金山"竭尽全力的雷军，早已身心俱疲。

　　离开"金山"后，雷军开始反思自己。他是这样说的："我反思的起点是卓越网。卖掉卓越网对我是个很大的打击,有半年的时间,我非常痛苦,有卖儿卖女的感觉。互联网来了,不做互联网就OUT,巨大的危机感促使我动手做卓越网。先是作为'金山'一个业务部门试一试,等到我完全想透要做电子商务的时候,'金山'董事会不同意……人在痛苦中才会思考,我思考的结论是要顺势而为。要顺势而为,就要做移动互联网。"

雷军也一直认为苹果的巨大成功正是基于顺应移动互联网这一时代潮流。在移动互联网时代,手机不再只是一部手机,而更像是一台掌上电脑。传统的手机厂商因为没有意识到这一点,仍旧在传统手机的概念中大做文章,被最早察觉出变化并顺势而为的苹果迅速打败是很自然的事情。

痛定思痛之后,雷军终于说出了那句著名的话:"站在风口上,猪也能飞起来。"他相信,随着手机用户的大规模增长,移动互联网一定能成为未来的趋势。

紧接着,雷军一边观察着大方向,一边又陆续投资了20多家企业,在那段时间,他把在"台风口放风筝"的理论发挥到了极致。很多他投资的公司都在非常短的时间内取得了成功,成为投资界"万无一失"的传奇天使。

在将近4年的投资生涯中,他渐渐感觉到把握风向的好处,做事也更加讲究"顺应天意"。当有人问起他"为什么能准确地把握投资方向"时,雷军幽默地说,自己每次投资之前都会观天象、看风水。实际上,他是在挑战自己,改掉骨子里不服输的性子,去顺应一种趋势,而不是与之抗衡。

其实,早在2005年,雷军在卖掉卓越网之后就已经开始研究移动互联网和电子商务。后来,他在自己的新浪博客上也陆续写文章发表观点:"未来移动互联网将10倍于PC互联网的规模。"

　　2010年，雷军发现，移动互联网在全球才刚刚开始，这是一个千载难逢的机遇，他终于找到这个"猪都能飞起来"的台风口。而这个时候，雷军已经观察了移动互联网5年时间，看过了国内所有的厂商，但是一直没有找到令他满意的终端。再加上对于整个手机行业的了解，雷军一直认为大屏幕智能手机就是这个时代最大的机会。

　　雷军曾说："再次创业，一定要满足我喜欢、我擅长而且有足够大的市场机会。"2010年4月，他突然意识到自己重燃梦想的时机成熟了。多玩网总裁李学凌也对他说："如果你这辈子还要创业就应该做手机，做手机至少要卖我一股。我相信，手机时代一定会来临。"

　　于是，这个不折不扣的手机控选择了大屏幕智能手机兴起的这个最大的台风口，决定顺势而为，最终自然而然地走上做一款拥有死忠发烧友的顶级智能手机这条道路——2011年8月16日，小米手机正式发布。

　　"登到山顶看到风景很漂亮，将山顶上的石头往下踢，这是小米要做的事情。如果小米是把一个1000千克的石头运到山顶上，那一定没有现在的精神面貌。最重要的已经不是勤奋，而是对大势和人的判断，顺势而为。"雷军这才发现，爱迪生所讲的"成功就是99%的汗水加1%的灵感"，后半句已经被他有意忽略，"其实，1%的灵感的重要性远远超过前面的99%"。

　　再回想起之前在金山推着石头上山的日子，雷军难免百感交集。他突然觉得，有时候人生充满了神奇的味道。第一个阶段不管怎么勤奋、苦干，偏偏难遂人意；第二个阶段仿佛突然拥有了与这个世界对话的密语，通关竟变得异常简单。"我只要一认命，一顺势，就发现自己风生水起，原来不认命的时候老干逆天而为的事情，那叫'轴'。"雷军这样形容自己。

在接受凤凰财经《总裁在线》专访时，谈及创业过程中是否走过弯路，雷军说道："觉得自己一直不能大成，就是受我们传统教育的误导。我们传统教育鼓励聪明孩子聪明加勤奋，天下无敌。但是事实上我觉得等到 40 岁时我已经非常清楚，光靠勤奋和努力是远远不够的。"在他看来，"台风口甚至是必备，是大成的前提"，因为如果选择错了方向，就像是在盐碱地上种庄稼，光有勤奋，也很难收获。

4.小米左脚是互联网，右脚是智能手机

2012 年 6 月，"小米"以 40 亿元估值完成新一轮融资之后，2013 年 8 月再次融资，这一次创立仅 3 年零 4 个月的"小米"整体估值已经高达 100 亿美元，其发展速度之快，甚至在全世界都史无前例。而且，毫无疑问的是，这一纪录还将会被"小米"不断刷新。

100亿美元是什么概念？不妨先看一下这样的数据：

在智能手机领域，黑莓的市值为53亿美元，HTC的市值为42亿美元，2013年9月微软以72亿美元收购了诺基亚手机业务。由此可看出，小米不仅可以收购整体的诺基亚手机业务，还可以同时收购黑莓和HTC两家公司。

在互联网领域，"小米"的估值仅次于阿里巴巴、腾讯、百度，不仅超过了网易，还把新浪远远甩在身后，这意味着"小米"已成为中国第四大互联网公司。

面对外界的惊叹和疑问，雷军对媒体表示："'小米'的高估值源自'小米''脚踏两只船'：左脚是互联网，右脚是智能手机。"这

一说法正好体现了"小米"对自身的定位的介绍——"小米"是一家专注于高端智能手机自主研发的移动互联网公司。因此，虽然大多数人会将"小米"归类为手机厂商，但对"小米"而言，互联网DNA给了小米更广阔的成长和发展空间。

小米的成长速度也似乎给了雷军更多的信心，他这样说："小米才刚刚开始，我们的未来会更夸张。"雷军的野心远比人们最初想象的要大，而这野心给人们的感觉并不是空中楼阁。

实际上，雷军一直很清楚，在移动互联网时代，互联网这种模式对整个终端的影响都是非常巨大的，从用户使用的体验到商业模式的颠覆等都可能是决定性的。雷军考虑最多的就是手机的软硬件与互联网融合的问题。

比如，能不能够在网络上收集用户的建议，每星期发布一个操作系统的新版本，不断更新和改进各种问题，让用户感到手机每天都更加好用；手机的销售能不能只在互联网上做直销，去掉渠道分销中百分之三四十的加价，让手机更便宜；能不能直接在网络上最快捷、最有效地为客户提供服务……

2013年4月18日，雷军在微博中说："我们和用户一起开发互联网手机，上百万用户贡献了自己的智慧，这就是'小米'的互联网DNA！"用互联网思维武装"小米"，可以说是雷军进军手机市场的秘密武器之一。

负责小米手机硬件的联合创始人周光平，和雷军最契合的观点之一就是雷军提出的互联网化的产品开发模式。周光平对雷军的说法极其赞同："好的产品是用户自己定义的，而不是工程师自己拍脑袋定义的！"

两人一致认为，小米手机就应该采用互联网的形式开发，先弄明白用户最需要什么，再将用户需要的东西做出来，而不是自己做好了拿出来给别人用。"小米"的选择是走更彻底的互联网模式：充分听取用户的声音，快速试错，快速迭代。

那么，武装"小米"的互联网思想具体是什么呢？雷军曾详细解释说："互联网不仅仅是网络设施，我觉得更重要的是思想，你怎么用互联网这种思想来颠覆很多传统产品。互联网思想，我曾经自己作了一个总结，七字诀：专注、极致、口碑、快。"

第一点是专注。雷军认为，只有足够专注，才能将一件事情做到极致。能不能把精力集中到一点上，决定了是不是有强大的穿透力。比如，练书法其实只要写好一个"永"字就够了，就能把所有汉字都写得很好看。永字八法，一个"永"字涵盖了所有汉字的笔法精意，这说明大道至简。

雷军一直坚信大道至简，少就是多。这一点，他受乔布斯的影响颇深。

1997年，濒临破产的苹果请回昔日老帮主乔布斯。乔布斯一回到苹果，就向整个团队传达了一个理念：决定做什么和决定不做什么一样重要。他举行了一次产品评估大会，发现苹果的产品线十分分散，有很多产品根本没有做下去的必要。

比如，版本繁多又编号复杂的麦金塔计算机，在他眼中就是十足的垃圾产品。"这么多的产品，这么多的版本，你们究竟要向别人推荐哪一个？"乔布斯很快就将70%的产品砍掉了。之后，苹果高度集中研发了4款产品，从而让濒临破产的苹果起死回生。紧接着，苹果着手研发新的移动设备，最终做出了iPhone和iPad。

作为乔布斯的崇拜者，雷军将遥遥领先的苹果和其他的手机生产商做了一个比较，发现苹果的成功就是因为足够专注。所以，他对小米的定位是，专注于高端智能手机市场，不做全价格线的智能手机。

"难的不是出10款手机,而是简简单单做好一款手机。"苹果就赢在只专注于一款手机的开发。受到乔布斯做苹果的启发,雷军发现,做好一个东西比做好两个东西更难,比如只有一个型号,你很清楚它的好与不好,有两个型号你就不容易看清楚各自的优势究竟在哪里。

第二点是极致。雷军认为,极致就是能不能做到自己能力的极限,用尽自己的全力把产品做到无可挑剔。

小米手机进入时的互联网市场,是一个处于混战中的战场。小米手机出现前后两三年,互联网企业中已经有百度、阿里巴巴、腾讯、新浪、人人、盛大等知名公司进入手机领域,抢占移动互联网的先机。百度与戴尔合作推出戴尔智能手机D43之后,又联手长虹推出千元智能手机;阿里云计算公司则以手机操作系统阿里云OS为基础与天语合作;腾讯与中国电信以及华为、中兴、酷派、天语和海信等5家手机厂商联合发布了6款"天翼QQ智能手机"。大家都想在移动互联网领域争得一席之地,竞争非常激烈。

为了使小米手机在激烈的竞争中脱颖而出,雷军选择了像苹果那样将产品做到极致的理念。他给"小米"定下了基本的发展路线:用移动互联网做手机,做到极致,形成不能复制和替代的核心竞争力,击败对手。他为小米手机选择了双核1.5G处理器,并且花费了很长时间和精力寻求最顶尖的合作商。

第三点是口碑。雷军认为,好的口碑是用心经营出来的。因此,"小米"在经营口碑上,下了很大的工夫,也用心地为用户做了很多事情。

比如,小米团队曾经做了一件回馈30万老用户的事情。那个时候,小米手机刚刚上市,有30万人在网上排队预订小米手机,最长的甚至等了100多天才拿到手机。

"小米"为了向用户表达感恩之情,给30万用户每人发了100元的现金券,不附加任何条件,可以在小米网上买任何东西。雷军还要求小米团队给他们寄精美的卡片,上面写着感谢他们对"小米"的支持。这些微不足道的小事,都有利于"小米"在市场上形成良好的口碑。

第四点是快。这里的快,也就是动作要快,互联网追求的是一种速度。"天下武功,唯快不破。互联网创业,速度一定要跟上去。""要死也要死得快,早死早超生!"这些都是雷军说过的话。他很清楚互联网是一个快速发展的行业,每天都有新的事物产生,用户需求变化得非常快,竞争也很激烈,一旦速度跟不上,就会被淘汰。另外,企业在快速发展的时候风险往往是最小,也会掩盖很多问题。

于是,雷军决定加快"小米"的发展步伐,试图将开发周期控制在3~6个月。快速的开发容易跟上整个市场的节奏,节约成本。为了让小米手机迅速占领市场,雷军在给其定价上下了很大的决心,小米团队也在讨论定价的问题,最后雷军一锤定音:1999元面市,用最高的配置和最低的价格造成巨大反差,快速打动消费者,赢得一定的市场份额。

听到反对的声音,雷军说:"产品一出就要秒杀对手,这样才有意义!从来没有人看到小李飞刀是怎么飞出去的,因为见到的人都死了!"只有在获得一定的用户之后,整个互联网商业模式才能运转。雷军知道,能不能打赢这一战,速度是关键,要是演变成持久战就不好办了。

随着小米手机的渐渐走红,一系列配套产品也相继推出。最有意思的要数"米兔"——一款戴着雷锋帽、系着红领巾的可爱玩具。这款产品在小米网站属于最畅销的产品之一,每天限购2000个,不穿衣服的卖49元,穿衣服的卖99元。

其实这个产品也是雷军"快"字理念的一个体现。雷军开玩笑说："它叫雷锋兔。你们知道为什么这么叫吗？因为它是雷军做的手机品牌。那为什么叫兔子呢？因为天下武功，唯快不破，我们强调快，兔子跑得好快。"

用"专注、极致、口碑、快"的互联网思想武装后的小米手机，在行业内可以说是"不鸣则已，一鸣惊人"，因为它重新定义了手机的制造和营销模式，并最终以颠覆者的姿态接受着用户的喜爱和簇拥。

5.基于用户体验的完美设计

"用户体验"这一术语指用户个体与产品进行交互时用户获得的主观体验。我们经常会谈论某家餐厅的服务很好或电影院的环境很糟糕等，这就是一种用户体验。

人类社会正在逐渐走向体验经济时代。IT产业的生命周期较短，人才、技术和产品的更新迅速。这种环境下，传统保持公司优势的做法是微软模式，即技术不断升级，或以IBM为代表的模式，即服务不断升级。

"竞争的目的是给用户更好的体验。我们首先要做的是用心做产品，把心思放在产品和用户那里，用户才会支持和拥戴你。"这是雷军在2011年互联网大会上的肺腑之言。

在雷军的创业战略中，"小米"的定位是具备"铁人三项"的互联网公司。软件、硬件、移动互联网的高度标配，直观地看，并不和"小米"这家公司的本质直接相关。至少如今,同时经营这3大项的公司并不罕见。

软件和硬件相结合,早在苹果和微软时代就已经是普遍的公司模式,即便是所谓移动互联网,也并不是什么新东西,从蜂窝通信技术获得突破,芬兰人的诺基亚和美国摩托罗拉一直在这个领域是排头兵,在技术的细节上,每一种制式,移动网络通信的标准,差不多在乔布斯崛起的很多年前就确立了。如此说来,雷军的"铁人三项"也似乎没有什么稀奇。

这显然不是"小米"的核心所在。表面上的词语组合掩盖了小米手机超越常人理解的本质。"小米"的本质或者说核心的竞争力源泉,正是雷军所说的"用户体验"。

一切为了用户的体验,用心做产品,这是雷军在众多场合下对"小米"从不改变的阐释。

因此,"小米"最值得一提的秘籍是"可感知体验"。比如,为了测试"米3"的高灵敏触摸屏的敏感性,"小米"的产品团队从市场上买回了包含各种薄厚度和材质的手套去一遍遍试验。

再比如,为了凸显小米电视的外观色彩设计,曾是摄影资深爱好者的"小米"副总裁黎万强想出了一个办法:将发布会的体验区专门进行了装潢,按照不同的使用场景设计出8种色调,以让用户有身临其境之感。

实际上,这些小事通常是不为人知的,它们往往都隐藏在光鲜亮丽的发布会背后,但这些尝试与努力的最大作用就在于可以为用户提供可触控的、可感知的使用体验。在雷军看来,它的杀伤力要远高于强调多少个核、性能跑分等冷冰冰的指标。

在基于用户体验来设计产品的这条思路上,显然乔布斯是个典范。苹果采用的是客户体验升级模式,更简洁的设计、更友好的用户界面、更方便的使用场景、更为高雅的外观和更为舒适尊贵的持有感等构成了更好的用户体验。这种客户体验基于卓越设计的产品之上，包括企业与客户接触沟通的每一个触点。

许多客户第一次走进苹果的店面时，最大的感受就是苹果店的环境设计和其他IT电子产品的店面完全相异。在看上去朴实无华的桌架上，各种产品的展示、使用恰到好处。客户购买完毕走出店面时提的购物袋，也可以制造出一种独一无二的购物体验。

苹果并不是首家追求客户体验并取得成功的公司，耐克将运动鞋打造成为时尚产品，索尼曾将磁带播放器打造为Walkman。与之相同的是，苹果公司当前也处在体验经济迅速取代产品经济的转折点。从行业角度分析，由于技术的普及和竞争对手的不断增加，厂商的成本可压缩空间和利润空间都趋于零。

同时，由于技术实现与需求的关系已经达到饱和，在革命性的技术变革出现前，小规模技术改进对需求几乎没有任何刺激。这时，"产品与客户共鸣""制造让客户难忘的体验"成为新时代先发企业的制胜法宝。

在乔布斯眼里，最好的用户体验设计不仅仅是找准定位、产品自身的设计，他还定下了几项基本原则：

（1）一定不要浪费用户的时间，例如巨慢无比的启动程序，又如让用户一次次在超过50个内容的下拉框里选择。请珍惜用户的时间，减少用户鼠标移动的距离和点击次数，减少用户眼球转动满屏寻找的次数。

（2）一定不要"我觉得"，不要打扰和强迫用户，不要为1%的需求骚扰99%的用户。

（3）一定不要提出"这些用户怎么会这样"的怀疑，一定不要高估用户的智商。

(4)一定不要以为给用户提供越多的东西就越好,相反,重点多了就等于没有重点,有时候需要做减法。

(5)一定要明白你的产品面对的是什么样的用户群。

(6)一定要去尝试接触你的用户,了解他们的特征和行为习惯。

虽然雷军也十分欣赏乔布斯对用户体验的关注,但小米手机并不是硬件拓展的苹果公司的复制品。苹果公司本身是能够利用软、硬件结合,在网络中依靠应用分成同时赚钱的特例。但"小米"不同,"小米"在雷军的培育下定位是一家网络公司,归根结底要靠软件服务来赚钱。只有服务臻于完美,才能获得用户的青睐,才能获得长足的发展。

在互联网公司的定位之下,小米手机的所有设计从最初开始就瞄准了用户和用户的体验互动。还在"金山"时代,雷军就是谷歌体验式设计的崇拜者,"谷歌十诫"是雷军要求所有游戏团队的员工必须抄写的。这十诫中第一条就是一切以用户为中心,其他纷至沓来。

小米手机抓住了消费者体验基本的两个要点,第一个是消费者高品质的应用需求,第二个是硬件的体验。"对于硬件方面,小米手机虽然一直以价格实惠为核心,但作为用户,其实我们更希望看到的是硬件的稳定性与更好的用户体验性。"雷军说。

6.用户不是上帝,而是平等互动的朋友

顾客是上帝,这一点早已是商业常识。可是光把顾客看成上帝,看起来是并不成功的。对于小米手机来说,其用户体验的基因,必须深深地嵌入产品的完美设计中才是可行的。既然是用户体验,自然也就在全方位地向用户开放的同时,承受客户各种各样的疑虑、压力和挑剔。

从小米手机系统的特点来看,雷军的个人体验对于MIUI的出世至关重要。因为开发自己的系统,原本并不常见。在电脑和手机系统的发展史上,至今也屈指可数。毕竟在传统的程序员开发系统的思维里,这是个庞大的工程。但在移动互联网时代,一切都变了,雷军就看到了安卓系统手机中蕴藏的新的系统研发的模式的机会。

雷军说他发现原生的安卓系统后台应用不断自启,系统不停唤醒,不停联网,都可以表现在屏幕上。"哪怕每个应用5分钟唤醒一次,每唤醒一次,你今天CPU的能力其实是非常耗电的,而且这样频繁的唤醒造成移动通信信令的风暴。"

原生的安卓系统手机之所以不受欢迎,谷歌的第一次互联网销售以失败告终,根本原因就在安卓系统本身。只要操作系统可以让后台应用一次唤醒,一次联网,系统的待机时间会明显提高。雷军甚至不惜得罪应用的开发者,在互联网大会上呼吁:"所有的厂商都支持对其唤醒的机制。支持对其唤醒之后,装了100个常用应用,待机能力提高2倍。如果不装这个应用,小米1S手机不用可以待机7天。大家不要盲目指责说我的手机为什么这么耗电,其实多半是应用软件干的。"

找到了问题的症结后,要爱上手机,必须要让系统让人值得爱才行。MIUI直接控制了自启动,应用系统,控制联网,把控制的主动权交给用户本身。因为浮动窗口对手机的体验和干扰很大,MIUI干脆默认禁止悬浮。关于权限,雷军要求:"不管应用要什么,涉及个人隐私权限,涉及用户调用的时候,再次跟用户确认,你是不是把你的通讯录给应用?安装的时候问那么多权限,普通消费者不会在意的,他不知不觉授权给你,不是他们真的想授权,是他们不了解,没有仔细看,是被动接受的,所以你又把这个权限重新交给用户。"

但是,这还并非MIUI最重大的特点。雷军认为,把操作系统的内核和表现层分离,主题可以模仿各种系统,1万种混搭,符合客户的需求和个性,这才是关键。在雷军看来,与其死板地设置固定的主题,不如像PC时代一样,重新走苹果公司的个性化路线,才能让用户的多样化需求和内核保持和谐。这也许是雷军的高明之处,在乔布斯做移动手机的时候,放弃了苹果电脑的个性化外表路线,而雷军反其道而行,重新检视它的新功用。

为了让这个系统更加完善,到了MIUIV5,从桌面系统到常用功能,到小工具,到核心应用,模块30多个,2万个精品应用,整个MIUI应用商店超过5亿次下载。智能化云服务3个月的时间就存储了3亿张照片。雷军的要求很简单,那就是每一个小应用都要做到完整度、细致度和应用性能超过想象。"做到极致"是雷军的口头禅。他认为,小米手机一直在产品上改进,但不只限于硬件,还包括软件与互联网服务。"你不觉得MIUI做得越来越超前吗?我们的服务也比一般的好很多,但还是挨骂,说明什么,离满足用户的极致需求差距还很大。"

随着这种互联网模式开发UI的跟进,小米也迅速脱去了曾经模仿黄章和乔布斯的痕迹,小米手机和MIUI的用户每天在论坛上提交的各种意见和建议，参与的讨论超过20万条，经过1095天的研发，138周的迭代，上百万人的参与。

在市场最终证明雷军的互联网系统开发模式成功后不久，雷军道出了自己开发MIUI的真实心理："当我将自己的想法跟诺基亚聊的时候，诺基亚全球负责研发的总裁可能会听我说说，但是他们会改吗？今天你们对苹果有意见，有更好的设计，苹果会改吗？你对手机有想法，有意见，有一个公司愿意帮你把想法实现吗？就是这样的想法做了小米，做完之后我发现最大的不一样是，如果一个铁杆的用户参与MIUI的设计，他会非常激动地跟他所有认识的朋友、同学、同事去介绍小米。累计3年的时间里提交了1.3亿条建议，这些帖子琳琅满目，通过这些帖子，有的帖子打印出来20页，我们唤起了用户参与这款手机的研发的最大的热情。

雷军的看法是，中国极少有人信上帝，"我认为把用户当上帝是瞎扯，而应该把用户当朋友。假如朋友手机坏了，你愿意给他修7天吗？你敢吗？要把所有消费者当朋友，他们遇到困难时我们要想办法第一时间解决"。

"以前我们做互联网，从产品到运营再到市场，熟悉一个新工种有一两年时间就差不多了，但硬件真不一样，没个十年八年你真不敢说自己是资深人士。"黎万强说。雷军在硬件上正赶上谷歌的安卓系统的工程师出走，进入小米后，在硬件的设计和制造上，自然也就先人一步。

小米手机最初也有一定的问题，比如出现了一些产品上不稳定的问题，但大部分问题，只要"米粉"们一有抱怨，工程师们就会立刻集合起来，通宵达旦地解决。在黎万强的工作中，"改"字已经成为他带领下的团队的唯一关键词。而雷军在办公桌上做出的那个倾听桌面开启声音的动作，也正是这种全身心地加入到修改，不断地修改，直到用户满意,达到最大默契的写照。

从用户的需求出发,一切以完美服务用户的态度制造产品,改进产品,主动沟通用户,以社交网络中平等互动开放的态度来应对一切难题,点对点地解决复杂的产品软件和硬件问题,已经成为"小米"资产中的核心部分。而这才是雷军的"铁人三项"公司真正的竞争力之一。

在"小米"高速成长的背后,这一点必将伴随着"小米"的新征程持续下去,就像当初"金山"的核心产品不是雷军的游戏,但雷军能让"金山"延续至今不倒。能够挖掘制造出一种超越个人魅力之外延续产品的永恒竞争力,从软件到硬件,以设计沟通灵魂,这是雷军的优点,更是移动互联网的未来。

7.用"海底捞精神"做好互联网服务

除了营销和研发,雷军对用户服务的重视程度也非常高。在互联网思维的武装下,虽然"小米"的确实现了"只在互联网上卖手机"的豪言,但当"小米"站在风口上迎接飞腾速度的同时,也必然要承受风口浪尖的严峻考验。董明珠的格力空调作为传统制造业的模式,对互联网企业"小米"的挑战就说明了这一点。除此之外,只在互联网上销售,"小米"怎么做售后、怎么维护用户的忠诚度,这些也都是摆在雷军面前必须解决的大问题。

其实,雷军早已意识到,"小米"要想继续成长和壮大,只做互联网营销显然是不够的,他还有一样制胜的法宝,就是在服务精神上要向海底捞学习，要做好互联网服务。在雷军的商业理念中，顾客在商家消费的不仅仅是产品本身，更重要的是服务。

说起海底捞火锅，其无微不至的服务精神甚至比它美味的火锅更有名。那么，海底捞到底是如何做服务的呢？

每到饭点的时候，几乎所有的海底捞都会出现这样的场景：人声鼎沸，等餐的人几乎和就餐的人一样多。等待本就是一件痛苦的事情，饿着肚子，一边看着别人用餐一边等位就更加煎熬了。而海底捞则设身处地地站在顾客的角度考虑问题，硬是将等餐变成了一件愉快的事情。

手持号码等待就餐的顾客一边观望屏幕上打出的座位信息，一边接过免费的水果、饮料、零食；如果是一大帮朋友在等待，服务员还会主动送上扑克牌、跳棋、围棋之类的娱乐品供大家打发时间；趁这个时间来个美甲、擦擦皮鞋也不错，这些服务都是免费的；规模大一些的海底捞分店还安排了电脑，等位的时候也可以去上网。

当客人坐定点餐的时候，围裙、热毛巾等都已送到眼前。服务员还会细心地为长发的女士递上皮筋和发夹，以免头发垂落到食物里；戴眼镜的客人则会得到擦镜布，以免热气模糊镜片；服务员看到你把手机放在台面上，会不声不响地拿来小塑料袋装好；如果点的菜太多，服务员会善意地提醒你已经够了，假如都想尝尝，可以点半份……

从很多小细节里，顾客都能感受到海底捞给予的真诚服务。真心实意地去为顾客着想，细致地考虑顾客的需要，真诚地去回应顾客的每一个细小的需求，这已经成为海底捞全体员工的使命。

因此，雷军十分推崇因服务精神而声名远播的海底捞，他觉得这种精神在互联网行业也至关重要,他甚至会请"小米"的每一位新员工去吃一顿海底捞,好好体验一下它的服务。

事实上,互联网服务也是"小米""软件+硬件+互联网服务"的"铁人三项"中很重要的一点。小米手机在经营的过程中一直十分重视用户口碑和满意度,因此,为了更好地为小米手机的用户提供服务,雷军投资了1.2亿元用于布局"小米之家",以作为小米手机提货点、小米售后服务点和小米粉丝站。

对于手机的售后服务问题,"小米"向用户承诺将提供包修、包换、包退服务,即产品售出(以实际收货日期为准)起,7日内可据三包服务细则退货,15日内可据三包服务细则换货,12个月内可据三包服务细则保修。小米手机用户可在线提交退换货申请,也可通过联系小米客服中心办理退换货。

在雷军的意识中,"小米"不需要考虑销量,也不需要考虑营业额和利润,只需要考虑每一个消费者、每一个米粉在购买小米手机以后使用的感觉,他们遇到的困难和问题"小米"怎么帮他们解决。对"小米"而言,把焦点放在互联网服务上才是最重要、最急需的,至于最终能卖出多少台手机,赚多少钱,这些都是顺理成章的事情。

实际上,在智能手机时代,产品的更新换代速度非常快。市场和舆论有不少唱衰安卓系统的,然而小米手机和MIUI一直在安卓阵营。但雷军表示,未来安卓阵营只剩3家大公司的时候,混乱局面就能终结。而"小米"只要专注做好服务,做好产品,就能成为剩下的3家手机厂商之一。

在这一点上,雷军显然是抓住了让"小米"继续成长的"源头活水",从而使"小米"在移动互联网的浪潮中踏着沉稳的步子前行。

第八章

"米粉"经济,小米百万用户之谜

....

1.因为"米粉",所以小米

在互联网发展的前10年,整个行业尚处于被拓荒的状态。如果有一家企业把握住了合适的产品方向,就能很快依靠人口红利累积一定的用户基础。但是,在今天的互联网行业,激烈的市场竞争已经让用户对产品的鉴赏能力极大提高。

雷军深知,在这样的时代诉求下,只有极度贴近用户,用心与他们沟通交流,建立一定的情感维系,一个优秀的产品才能得到很好的发展。雷军就是用这样的理念创办了小米科技,并将小米手机定位成"小米,为发烧而生",即小米手机是一款高性能发烧友爱好者手机。事实证明,雷军的想法是经得起事实验证的。

"小米"是成功的,小米手机的销售也是非常成功的。作为一家年轻的企业,"小米"在中国强大的用户号召力毋庸置疑,不断刷新的纪录也让希望看到"小米"只是三分钟热度的人们大跌眼镜。

那么,"小米"取得如此理想的成绩的依托是什么呢？其实,"小米"除了有硬件、软件和互联网的"铁三角"之外,还有另一个突出的特点:巨大的粉丝团。

"小米"的第一批粉丝多是技术和创业爱好者,他们对手机设计有想法并且渴望实现自己的想法。"大部分粉丝心中对完美手机都有想法,但因为开发一款手机很难,他们大部分人无法实现自己的想法。因此他们会给我们提供意见,告诉我们希望在手机中实现什么样的功能。一旦我们采纳并实现这些功能,他们就会乐于与好友们分享好消息。"雷军这样描述小米手机狂热的粉丝,他认为这些粉丝正是小米不断改进的动力和基础。

因此,作为互联网开发过程中的一个重要环节,小米的员工每天都有一项极其重要的工作,就是有事没事泡论坛,找人聊天,广泛地收集论坛上"米粉"反馈的信息。雷军每天都会花一定的时间到论坛上亲自解答粉丝的提问,他的办公室时不时地就会传来这样的声音:"不错!""你快来看看这个建议!"小米就是在这样的催促下得到了迅速的完善和升级。

产品试用过程中,小米团队也坚持在第一线和米粉交流,第一时间获取新的建议,尽快进行改进。雷军倡导组建了"荣誉开发组",这个开发组最初由120名自愿申请的发烧友组成,在MIUI每周升级的节奏中,周五发布新版本,周六到周一MIUI团队收集反馈,修正漏洞,周三又将更新的版本交给荣誉开发组的成员测试,不断修改,周五下午5点再向外界发布。就这样,整个过程都由数十万用户驱动,最大限度贴近了用户的需求。

不光如此,就连小米手机正式发售前的最后一次小范围公测,也是由MIUI论坛的发烧友完成的。先期发售的600部工程纪念版,只针对满足一定条件的MIUI论坛发烧友。小米鼓励这些愿意尝鲜的发烧友在使用过程中及时反馈问题,根据这些问题的重要程度给予奖励。若遇到严重问题,购买者可换正式发售后的新机器。根据这些反馈,小米不断在操作系统的升级和手机迭代中将性能和功能调到最好。

雷军认为,在这个时代,年轻人需要一种热爱,而"为发烧而生"的小米手机就是在为"米粉"们提供一种值得他们热爱的物品。用雷军的话说,发烧其实是一种文化。"比如单反相机、HiFi音响,老百姓都玩不起,连iPhone对很多人来说都算是高消费。而拥有了发烧级的硬件配置的小米手机,却保留了亲民的售价。"雷军希望小米手机能够为更多的消费者呵护着对"发烧"的热爱。

实际上,在网络上因共同的喜好而组成的团体,他们不仅仅只是一群人,这种情况已经成为一种文化现象,一种生活方式。比如,有一些人会因为宠物结缘,在CPN宠物论坛,那些爱宠物的人通过线上交流而结识,继而成为现实生活中的好朋友;或者,有一些准妈妈通过篱笆网相识,在网上分享着即将为人母的紧张、喜悦以及激动的心情,因为宝宝,这些妈妈很自然地成为生活中的朋友,有的家庭间还会结成小团体。

"米粉"们也一样。他们通过小米论坛社区、微博、米聊等时下最为流行的移动社交平台,在网络上因小米手机而成为有共同语言的朋友,而且又通过小米或者他们自己组织的线下活动实现面对面的交流与沟通,最后甚至成为真正的现实中的朋友。

可以说,雷军很懂得和用户拉近感情距离。他跟自己的团队说:"小米手机拥有的是粉丝而非用户。用户跟粉丝是两回事,用户是在没有更好选择的时候用你。怎么真心真意对待你的每个用户,怎么让你的粉丝支持你,这是最重要的。"处于为"小米"拓荒时代的雷军知道,只有贴近用户,与之交流,建立情感维系,才能支持产品的发展。

另外,小米粉丝文化中还有一个重要的信条:开放。"'小米'除了是一家手机公司外,还是一家互联网公司。"雷军摒弃了传统手机行业的研发模式,而采用互联网模式研发;不采取闭门造车的方式研制手机,而采取用户重度参与模式做手机。

在小米手机操作系统MIUI的成长过程中,很多模块都向用户开放。"我们营造了一个粉丝社区,连接了全球发烧友,让他们一起来帮我们完成。我们是一个开放式的操作系统。"小米手机的系统MIUI每周更新迭代,首次引入了互联网模式。论坛上有超过50万发烧友重度参与开发改进,"基本上你今天有意见和建议,我们下周就能做出修正"。

MIUI论坛粉丝的发展,是雷军和小米团队引以为傲的部分。2011年8月16日发布的MIUI正是在没有任何宣传推广的前提下靠好的产品和紧密沟通赢得了40万狂热的论坛粉丝。粉丝的建议在这里受到高度重视,使他们体会到强烈的成就感,也增加了他们对"小米"的忠诚度。

"因为'米粉',所以'小米'"是雷军经常讲的一句话。在小米手机的发布会上,雷军多次提到"米粉"对"小米"所作的贡献:MIUI最初只开发了中文简体、中文繁体、英文3个版本,有热心的"米粉"为小米手机补充上传了25种语言;原生MIUI的适配机型只有36款,在众多"米粉"的努力下,MIUI的适配机型已超过140款。

当然，也有人认为，"发烧友"只是一个特定的用户群，不能代表最广大的用户。而在雷军看来，发烧友其实是最苛刻的用户，"他们的反馈意见会不断地推动小米手机改进用户体验。而且，数十万人的发烧友队伍将成为口碑营销的主要力量。小米手机的成功在于依靠MIUI和米聊用户，以及一批批用户的口口相传"。

与此同时，"米粉"们还自发形成了强大的凝聚力，"小米"的品牌效应终于成型，小米手机和小米公司已经产生非常强的正向品牌拉力。正如小米公司联合创始人黎万强在不同场合所说的那样，不管是在产品上还是在服务上，"小米"都秉承着"用户至上的'米粉'文化"。

雷军曾很骄傲地说："小米手机是个浩瀚的工程……但我从来没有担心过。因为我不是一个人在战斗，我的背后还有百万'米粉'！""'小米'与大部分企业的不同之处是在构建企业时，以'米粉'为核心，从使用者的角度细心思考了许多事情。"如果说小米手机是成功的，那么它最成功的一点便是塑造了自己独特的粉丝文化，让粉丝成为小米手机的代言人去主动宣传小米手机的优点，并维护小米手机的品牌荣誉。

2.从"米粉"中来，到"米粉"中去

随着社交媒体在网络沃土上的蓬勃发展，通过论坛、微博等方式，粉丝群体逐渐被放到和偶像平等的位置上，"粉丝经济"这个词语也不断被人提起。而小米手机在互联网上的火爆预售场面，在一定程度上也让"粉丝经济"这个词引起人们更多的关注。

由于粉丝既是观众也是主角,他们传播和发布的信息不仅成为人们浏览互联网的重要内容,制造了人们在社交生活中的热门话题,而且能够吸引传统媒体和新媒体的争相跟进,这些都让粉丝经济拥有了更加强大的力量。

然而,在小米手机之前,只有影视、文学、娱乐等多个行业在粉丝的推动下前进着,当小米手机将粉丝经济运用到极致,甚至依靠网络打造一条产值丰厚的粉丝产业链时,人们忍不住惊呼:原来还可以这样做手机!

在"小米"创业初期,第一个产品是MIUI操作系统,黎万强是当时这个业务的负责人。雷军给黎万强的任务是"不花钱把MIUI做到100万用户"。而唯一的办法就是在论坛做口碑。黎万强在雷军的重压下带领团队泡论坛、灌水、发广告、寻找资深用户。

从最初的1000个人中选出100个作为超级用户,参与MIUI的设计、研发、反馈,这100人成为MIUI操作系统的"星星之火",也是"米粉"最初的源头。后来,在零预算的前提下,黎万强建立起小米手机论坛,这也成为"米粉"的集合地。

可以说,小米论坛社区是数百万米粉的大本营。发展到今日,在小米论坛上有几个核心的技术板块:资源下载、新手入门、小米学院,后来又增加了生活方式的板块:酷玩帮、随手拍、爆米花等。在这个论坛上,"米粉"参与调研、产品开发、测试、传播、营销、公关等多个环节。

可能很多人都难以理解,为什么会有那么多人每天打开电脑的第一件事就是登录小米论坛,无条件地协助管理员维护论坛秩序,甚至可以牺牲睡眠时间,一天几个小时泡在论坛上?实际上可以用一个词来解释这一现象，那就是归属感。

在小米论坛社区，很多人不仅可以找到志同道合的朋友，还可以展现自己在生活中不能或者不敢表现出来的一面，在论坛里，一个平时沉默寡言的人可能会摇身一变，成为一个可以得到众多人敬仰和崇拜的刷机高手。

而且，小米论坛还会通过徽章一类的东西来标明"米粉"的身份。现实中的他们怎样已经不重要，ID才是他们身份和角色的象征。可以说，就是这种心理上的满足和归属感让很多人都心甘情愿地成为"米粉"，并坚定地成为这个阵营中的一员。

在小米论坛上，"米粉"可以决定产品的创新方向和产品功能的增减，为了激发"米粉"，"小米"还设立了"爆米花奖"：每周五下午5点被定义为"橙色星期五"，每周都会发布新版本。下一周的周二，小米根据用户提交的体验报告数据，分别评出上周最受欢迎的功能和最烂的功能，以此来决定小米内部的"爆米花奖"。

除了线上的互动，"小米"还有很多线下活动，不仅推出了针对小米会员的内部杂志《爆米花》，还以小米"同城会"作为纽带，让众多米粉在现实生活中聚餐、郊游、摘水果，甚至一起去献血……

此外，小米还设立了米粉节，与用户一起狂欢的Party。这是"米粉"的节日，在每年的"米粉节"活动上，雷军会与"米粉"分享新品、沟通感情，激发"米粉"的热情。而且，每次的小米发布会也都是"米粉"们的一次疯狂聚会，有些"米粉"甚至骑着自行车不远万里专程赶来参会。

这些都是属于年轻人的生活方式，它以"小米"为载体，让人们以一种时尚的方式集合在一起。于是，众多的"米粉"被这种生活方式所吸引。因为"小米"，他们可以结交更多的朋友，拥有不同以往的社交圈。

另外，"小米"还十分重视从"米粉"的角度出发做事情，他们对米粉无微不至的关怀令"米粉"们十分感动。雷军曾经说过这样一件小事：

在"小米"刚刚创办时，税务局所给的发票非常少，每个月只有5本，总共只有200多份，而"小米"一直在向税务局申请机打发票，这个时间持续了很久，一直拖了几个月。因此在前期的几个月中，小米所销售的手机都拖欠"米粉"一张发票。

然而，发票对于那些希望货物有保障的"米粉"来说是至关重要的。因此，在小米公司可以机打发票之后，他们一共用了12台高速打印机加班工作，连续打了十多天，期间甚至用坏了两台打印机。

一般情况下，很多公司都会按照事先的约定将拖欠的发票补寄给买家，仅此而已，但是小米做出了一个让众多米粉感到欣慰的小细节。

为了对信任小米手机的米粉做一个小小的补偿，雷军提出了两点要求："第一，用快递寄出发票，让'米粉'能更快安心；第二，在发票里附了一张非常可爱的米兔贺年卡，同时还要寄一张手机的保护膜。"

雷军后来回忆说："这一个小小的细节，让我们收到了很多来自"米粉"的感谢信，也让我们感受到有很多用户在支持我们，支持小米手机。""从'米粉'中来，到'米粉'中去"的思维方式，让"米粉"成为小米手机最忠实的用户，据统计，重复购买2～4部手机的米粉甚至占到米粉总人数的42%。

小米如今更加强调公司为粉丝转型，一步步向一家雷军所向往的互联网公司努力。可以预料的是，下一个粉丝节，"米粉"们的地位还将进一步得到提升。和乔布斯不同，也和HTC等众多的模仿者不同，"米粉"在"小米"的地位会被不断抬高，这是所有其他公司暂时还无法做到的极限。

小米的粉丝运动其实预示着科技领域的市场营销工作正在面临变化，越来越重视公共关系领域的运营。但雷军真正成功的，恰恰是巧妙地掩盖了自己国际化的先期优势，借助小米粉丝的杠杆脱颖而出。

其实，到今天也没有人完全吃透"小米模式"，也不懂雷军的"从米粉中来，到米粉中去"。其实，用互联网的方式做手机，"小米"的基本策略就是颠覆，将传统做手机的每一个环节都重新定义和更新。

比如，传统的方式制造手机是聘请顶尖技术人员闭门做研发，小米则是邀请米粉参与到产品的设计与研发当中；传统的卖手机方式仅仅是给用户使用，"小米"卖手机是和"米粉"一起玩手机；别人只是在纯粹地卖产品，"小米"卖的还有参与感；别人花巨额资金请明星做广告，而"小米"则用米粉开创了互联网的新营销方式；很多公司不允许员工上班时间泡论坛、玩微博，而小米则鼓励"全员解放"，鼓励所有员工泡在网上，与"米粉"直接接触，将内部评价转移到外部评价……

虽然"小米"将粉丝经济做得风生水起，但这并不意味着粉丝经济是"小米"专属的经济模式。引领小米模式走向成功的关键环节，还有对核心用户的经营，对小米品牌的塑造，其核心是在产业成型初期对用户需求点的有效解决。

对于粉丝经济的未来，黎万强曾经指出，未来3~5年会产生更重要的趋势，即重新定义消费电子，不管是开源硬件还是智能家电，都与粉丝经济相关。这将是一个打造粉丝经济的新兴领域，而小米手机之后要做的产品还会继续巩固粉丝群体,通过粉丝的群体智慧解决用户需求,进而加强品牌塑造,这会是小米在脱颖而出之后继续一路高歌的新机遇。

3."雷布斯"的个人魅力

小米手机的创始人雷军被冠以"中国乔布斯"称号,是仅用两年就修完大学全部课程的高材生,是著名的天使投资人。从新媒体雷锋网,到UCWEB,再到电商凡客,雷军累积了自己在业界的声誉和影响力。

对雷军身上光环的迷恋,造就了第一批"米粉",一群技术和创业爱好者。这些人不仅是他的消费者,还是他的义务宣传员,乐于忍受极低薪酬的半义务雇员。正是这样一批粉丝,成为小米手机的起点。而后,"高性价比"的口碑和宣传让小米手机滚雪球般迅速红起来。

作为"教父",雷军和乔布斯一样相当关心用户体验。互联网时代,社交媒体将日益成为趋势,可以让消费者获得从实体店购买的同等体验。创业至今一直自诩为互联网企业的"小米"深谙此道。"和'米粉'做朋友"是"小米"的口号。为此,"小米"成立了由400名自有员工组成的呼叫中心,专门负责在小米社区、微博以及对于"米粉"来电进行互动和反馈,并以此和"米粉"建立直接联系,加深"米粉"对于"小米"的体验。

在创业之初，基于雷军提出的"软件＋硬件＋互联网服务"的铁人三项模式，"小米"在推出手机之前，便于2010年接连推出了深度定制的Android手机操作系统MIUI、专为移动终端设计的社交通信工具米聊。热衷于刷机的"发烧友"在小米社区里讨论如何刷机，吐槽MIUI系统存在的一些BUG等。MIUI之前在喜欢刷机的"发烧友"群体中已经获得一席之地，用户超过700万，米聊用户超过2000万。而这些手机发烧友也成为日后购买小米手机的最大潜在客户。

网络是培育"米粉"的平台，微博是"小米"聚合"米粉"的利器。"小米"几乎把微博玩到了极致：因为新浪微博的Alexa流量周二到周四最大，所以转发有奖的活动设置在工作日；晚上10点结束抽奖是因为10点是每天流量的最后一个高峰；2小时发布一次奖品是因为微博传播转发的半衰期约为3小时。截至2015年6月，新浪微博上"小米公司"粉丝已达422万，"小米手机"粉丝有1021万。对拥有1229万粉丝的雷军而言，在微博平台上，他既是小米手机掌门人，又是一个随时防止小米品牌受破坏的看守者，更是一个为"米粉"排忧解难的客服人员。而在微博上，"米粉"对于"小米"的反馈也是热烈的，这无疑最大限度地强化了"小米"宣传效应，减少了营销成本。小米手机发布青春版时，几个合伙人花了一下午的时间拍了一组与青春有关的照片发送在微博上，短短两天时间就达到了200多万次转发，90多万条评论的成绩。

借鉴了苹果的"天才吧"，"小米"在全国设立了32家"小米之家"，成为新媒体营销很好的线下延伸。在"小米之家"，用户可以自取手机，可以完成手机的售后维修，并且不定期地为当地"米粉"举办一些活动。"小米"借鉴了车友会的模式，把"米粉"的消费方式变成聚会娱乐方式，使"米粉"变得很团结。在创业初期，小米手机不被认可，"米粉"有压力，但"打压"使得他们更加捍卫"小米"这个品牌。

2011年8月16日,雷军站上798的舞台,发布了代号为"米格机"的第一代小米手机。这台外观朴素的手机,定价1999元人民币,号称顶级配置:高通双核1.5G,4英寸夏普屏幕,通话时间900分钟,待机时间450小时,800万像素镜头。这是小米手机带着"顶级配置"的标签初次登场,这个标签则会伴随着小米每一次全新的亮相。

"人还是会希望有一些永恒的东西。永恒的是真善美,乔布斯崇尚的是美,他把工业品和IT产品做成了美的东西,这是永恒的。美的东西能永恒,这至少是乔布斯在追求整个工业设计极致的过程中告诉我们的。"雷军是乔布斯的忠实粉丝。他感动于乔布斯对于极致的执着,也将这执着转化为小米手机不倦的追求。

小米手机销量的快速增长很大程度上得益于其对用户需求的准确把握。在产品的设计过程中,小米创新性地引入了用户。"我们就是要给予发烧友参与产品改进的机会。"

在小米手机论坛上,每周都可以看到两三千篇用户反馈的帖子,其中不乏一些深度体验报告。在一些重要功能的确定上,小米工程师通过在论坛上发起投票等方式收集用户反馈,最终确定产品功能形态。同时,"小米"在各种的媒体论坛上都保持零距离贴近用户。包括雷军在内的小米合伙人每天都在做一系列的客服工作,亲自解答用户的一些提问。

MIUI每周更新四五十个,甚至上百个功能,其中有1/3来源于"米粉"。"当时,苹果系统的更新是一年一次,谷歌是一个季度发布一个版本,而MIUI则是一个星期发布一个版本,风雨无阻。"雷军说。根据数百万用户意见进行软件更新,与"米粉"一起做好的手机,这才是"小米"最大的创新。

4."0预算"之谜：用户扭曲力场

2011年5月底，开始筹备小米手机的发布时，黎万强接下了小米手机的营销任务。雷军对黎万强说："你做MIUI的时候没花一分钱，做手机是不是也能这样？"

在"0预算"的前提下，黎万强借鉴MIUI论坛，首先建立了小米手机论坛，2011年中期，手机论坛迅速建立起来。在小米论坛上，有几个核心的技术板块：资源下载、新手入门、小米学院，后来还增加了生活方式的板块：酷玩帮、随手拍、爆米花等。

和其他技术论坛不一样的是，小米论坛有一个强大的线下活动平台"同城会"，目前已经覆盖31个省市，各同城会会自发搞活动。小米官方则每两周都会在不同的城市举办"小米同城会"，根据后台分析哪个城市的用户多少来决定同城会举办的顺序，在论坛上登出宣传帖后用户报名参加，每次活动邀请30~50个用户到现场与工程师做当面交流。

"0预算"之下，黎万强发力的第二个点是微博。他带领的营销团队能够很快速地去理解微博上这种以图片、视频为元素的事件型传播点，同时像做产品一样进行精细化运营。

论坛和微博营销也是很多公司的常规武器，但"小米"却基本放弃传统的电视广告、户外广告等强势渠道，把"论坛+微博"等新营销工具变成了"杀伤级武器"。"小米"的口号是"只为发烧友而生"，貌似一个小众品牌，但事实上它已经成为一个三四线城市用户都熟知的大众品牌。"小米"凭什么呢？

小米式营销上有三板斧。

第一板斧是把新营销当作战略。不是试验田,而是主战场。因为没有预算,只能选择社会化营销的手段。很幸运的是,小米碰上了一个大的顺风车,2010年正好是微博大爆发的时候,小米迅速抓住了这个机会,并变成品牌宣传的主战场。从小米网的组织架构上,你能看到这种战略聚焦,小米网的新媒体团队有近百人,小米论坛30人,微博30人,微信10人,百度、QQ空间等10人。

第二板斧是做服务。客服不是挡箭牌,客服是营销。小米论坛是这种服务战略的大本营,微博、微信等都有客服的职能。小米在微博客服上有个规定:15分钟快速响应。为此,还专门开发了一个客服平台做专门的处理。特别是微博上,不管是用户的建议还是吐槽,很快就有小米的人员进行回复和解答,很多用户备感惊讶。

小米还有一个全民客服的理念,鼓励大家真正近距离地接触用户。从雷军开始,每天会花一个小时的时间回复微博上的评论。包括所有的工程师,是否按时回复论坛上的帖子是工作考核的重要指标。

第三板斧是涨粉丝。涨粉丝的秘密武器就是事件营销。"小米"在微博上做的第一个事件营销是"我是手机控",从雷军开始,发动手机控晒出自己玩过的手机,大概吸引了80万人参与。

最有影响的案例则是"小米手机青春版"。2012年5月18日,"小米"发布简配版手机,定价1499元,限量15万部,主打校园人群,小米启动了一个很奇怪的主题叫"150克青春"。150克其实是小米青春版的重量,包装盒里面写的是内有150克青春,噱头十足。

高潮环节是"小米"7个合伙人拍的一个微视频,当时《那些年我们追过的女孩》正火,雷军等7个合伙人参照这一电影拍了一系列的海报、视频,相当于一群老男人的集体卖萌,话题感十足。为了刺激转发,"小米"下了一个狠招,这个招数在"小米"的所有事件营销里屡试不爽，就是有奖转发送小米手机，当时是3天狂送36台小米手机。最后的战果是，"小米青春版"微博转发量203万次，涨粉丝41万人。

靠这种拉粉丝手段，小米在微信上也是风生水起。4个月做到100多万粉丝。由此，"小米"也建立了一个粉丝矩阵。小米论坛有700多万个粉丝，小米手机加小米公司的微博粉丝有550万人，小米合伙人加员工的微博粉丝有770万人，微信有100万人。这些可精细化运营的粉丝，支撑了小米的营销神话。

但在小米式营销的操盘人黎万强看来，他有另一个词汇：用户扭曲力场，让用户有深入的参与感。扭曲力场是《星际迷航》里的一个术语，外星人通过极致的精神力量建造了新世界。苹果的员工曾用"现实扭曲力场"来形容乔布斯。

也可以说，"米粉"通过极致的精神力量建造了"小米"的世界。在小米内部调研，不管是产品、技术、营销、运营，也都把"米粉"当作第一原动力。"小米"构建了一个用户扭曲力场的金字塔，塔基是广大的用户。他们从微博、微信、事件营销等跟随参与"小米"的活动，介入不深，但却是一个强大的跟随者群体。金字塔的中间则是"米粉"，这是一个关键的群体。"小米"能成功的另一大原因也有赖强悍又忠诚的"米粉"支持。在小米成立之初，雷军制定了3条规定，其中最重要的一点就是"与'米粉'交朋友"。

如何能让"与'米粉'交朋友"落到实处，而不是一句空话？在这方面，"小米"学习的是海底捞。就是把它变成一种文化，变成一种全员行为，比如，小米给了一线客服很大的权利，在接到用户投诉时，客服有权根据自己的判断，自行赠送贴膜或其他小配件。另外，小米也非常重视人性服务。曾经有用户打来电话说，自己买小米手机是为了送客户，客户拿到手机还要去自己贴膜，这太麻烦了。于是在配送之前,小米的客服在订单上加注了送贴膜一个,这位用户即刻感受到了小米的贴心。

很难想象,在小米某年700万部手机销售量里,买了2~4部的重复购买用户占42%。饥饿营销一度是"小米"制造的一个独特现象。在北京,有一段时间,能买到一部小米手机一度成为"有路子"的象征。"可怕"的"米粉"就是如此制造了一个强大的扭曲力场。但是,这个扭曲力场的源头还是产品。

5."三位一体"狂热"米粉"大拥趸

雷军研究透了互联网,也研究透了人性。他非常看重"米粉"的建议与感受,此前,没有哪一个手机厂商曾经把粉丝们放到这么高的位置上。

小米公司有三块主要业务,小米手机、MIUI和米聊。通过米聊以及小米论坛,雷军不断进行着粉丝积累。如今,活跃在小米论坛上的米粉已经超过了490万人。在线下,小米在国内28个城市开办了小米之家,在全国范围内签约了326家特约维修点,售后服务点覆盖了220个城市。小米之家定期举办同城会等各种活动,热闹的氛围就像过节一样。在广州、武汉等地,小米之家本来是上午9点上班,可很多粉丝8点就会到门口排队。每一家小米之家成立时都会有人送花、送礼、合影,甚至开店满一个月的时候还会有人来庆祝"满月",还有人专门为小米手机作词作曲写歌。

只在乎"米粉"的拥护。雷军一周上6天班，其中有5天是在"小米"。对研发过程全程参与，每天都要登录小米论坛和他的微博，上面有许多网友以及"米粉"的留言，他对这些意见特别关注，看到有些好的意见，会和同事们商量予以应对。雷军对市场份额不在意，份额是一个伪命题，他在意用户口碑。正如他在很久以前，为了推动整个"金山"的互联网变革，逼着所有人背"以客户为中心"这一原则，也逼着大家打印出来贴在笔记本上。一切以用户为中心，其他一切自会纷至沓来。他最在乎的是小米手机的粉丝，只要他们拥护，这个公司就有意义。

粉丝文化的深度开发和经营。小米产品的研发采用了"发烧"用户参与的模式，当然这也可以理解为一个炒作和前期预热的噱头，但这确实也是一个全新的产品推广形式。"小米"通过这种"手机2.0"的方式取悦用户，来最大限度地吸引和刺激用户。与此同时，大量的衍生品开始上市销售，小米棒球帽、米兔公仔、小米卡通贴纸销售良好。如何理解这种粉丝文化？在北京的小米之家留言墙上，有这样一张笔迹稚嫩的手写纸条："谁说小米手机是山寨品？我就是喜欢，虽然还不完美。"可以说是小米粉丝们的真实心情写照。

情感诉求和自我表现诉求的表达。小米请前期的用户参与完善小米手机就是一个很好的情感诉求表达，而"米键"和"米聊"更是小米自我表现诉求方式。当米聊的ID、小米各种应用的ID、MIUI的用户ID最终合并在一起成为唯一的"MIID"时，小米用户或许就能发现，小米上有了他的实名身份信息、朋友圈，甚至位置和车辆信息。当他从米聊到MIUI，继而深入成为小米的用户，就能在小米产品的打通之下，获得超越过往的使用体验。小米手机只在小米网上零售，而且小米手机的界面MIUI首次使用了互联网开发手机OS的模式，50万发烧友(或称为刷机友)直接参与了手机的开发改进，而小米手机本身比较大众化的外观以及强悍的配置也暗示了其目标市场：爱刷机的手机用户、追求高性价比的潮流玩家将是小米手机主要用户群体。

MIUI、米聊、米粉文化，三位一体，把小米的粉丝紧紧吸引过来。MIUI为小米赢得了大量粉丝，MIUI是小米公司为Android深度定制的操作系统。遵循快速迭代法则，MIUI每周五发布一个新版本，在修复BUG的同时带来很多"微创新"，甚至有外国媒体关注到MIUI，因为有不少海外粉丝相当投入，他们会在周五晚上来翻译并制作最新的版本，而且，MIUI完全免费，这是一种全新的体验，让其在全球市场都获得了竞争力。

米聊是一款支持跨手机操作系统平台，跨通信运营商的手机端免费即时通信工具。在此之上，可能诞生一个基于手机的关系网络，类似Facebook，并延伸各种应用。雷军的目标就是把小米手机建成"苹果+Facebook"这样的新载体。

"米粉"文化直接刺激了手机销售。因为小米手机长期处于缺货状态，一旦小米官网有秒杀活动，米粉们在各自公司一号召，往往全公司都会去抢。最后，大家反而不像是在为买手机而买手机，俨然成了一场相互比拼运气的游戏。

雷军不把用户当上帝，他把用户当朋友。小米经营的两个核心目标是：用户会不会为我们新产品激动？用过后会不会向朋友推荐？手机销量和营业额等都不是最根本的目标，用户的体验才是最根本的目标，"小米"把所有用户当朋友，他们遇到困难时我们要想办法第一时间解决。

小米创建四年多，最成功之处在于做了个MIUI、造了几款手机吗？不是。在于它打造了一个有互联网感觉的、与用户高速频密互动的、令用户感到亲切的品牌，它营造出的"米粉"文化，是小米迄今傲视国内其他手机品牌的地方，这是雷军向黄章、乔布斯学习的结果。不可怀疑的是，这个粉丝文化还会越滚越大。

6."发烧"，就是对完美的偏执

就像没有乔布斯绝不会有苹果的iOS操作系统一样，雷军是小米手机操作系统的真正"教父"。只有专横、偏执、近于苛刻的完美主义者乔布斯才能将这种艺术精神融入到iOS操作系统中。苹果的风格，即是乔布斯的风格，不管如今的操作系统被修饰升级到何种程度，乔布斯的痕迹丝毫不会减少，相反，那些系统性的差错、谬误时时透露出乔布斯的信息。哪怕是被人诟病的iOS6的地图失准，也让人想起，要是乔布斯在，绝对不会出现这么低级的问题。

教父的特色在于，不论你对他是爱是憎，他的观点和思维总会深刻地影响着你，像一条中轴线一样，贯穿于一个组织或者产品的全过程。

和其他试水互联网营销的智能机竞争者不同，和传统的互联网公司最初的想法相反，雷军是一开始就抱定破釜沉舟的决心，在操作系统上做"中国的乔布斯"的。当然，这可能也是他唯一内心承认的自己像乔布斯的地方。

当初雷军决定做小米手机之时，最为欣赏的正是苹果手机操作系统体验上的完美。雷军本人就是手机发烧友，不过和一般人发烧的地方不同。雷军更痴迷手机系统的可操作性特点,诺基亚的N78上市时,雷军就曾推荐过朋友们使用这款手机。至于苹果手机的体验,雷军不仅赞不绝口,甚至还一度自掏腰包给黎万强等朋友送iPhone。在小米手机发布会上略显生硬地高处掉落测试手机等桥段,无疑是直接来自于乔布斯。

脱开这些"肤浅的模仿",雷军在系统方面的思维学习和创新才能,其实远在人们的想象之外。

MIUI是基于安卓深度定制的系统,在雷军看来,做好系统,从系统开发起,才能有好的手机。小米最精彩的事情是用一个好系统改变整个安卓手机的体验。

其实,30年前,乔布斯在和IBM较量之时对电脑的设计操作就已经做到了极致,到后来,广告销售甚至宣传发布会,他都会干预到底。所谓苹果手机与众不同,从诺基亚的流行中杀出一片新天地,纯粹是因为这种极致。只不过,正因为苹果公司失去了电脑领域的市场,又在销量上最初无法和诺基亚、摩托罗拉比拼,才全身心地走了一条别人无法仿制的封闭的系统开发之路。不管怎么说,极致思维,一如始终。

小米,为发烧而生。

每周更新的MIUI软件。小米手机的操作系统是基于最新版安卓的MIUI,雷军命名为"米柚",在安卓定制领域小有名气,由Android原生系统深度开发,专门针对中国用户使用习惯,系统研发小组根据测试用户的反馈意见,每周五持续改进更新系统。

按雷军的设想,小米手机未来就是移动互联网的一个渠道、一个载体,所以,雷军把做互联网的方式拿过来做操作系统,每个星期发布一个新的版本。要做到这一点并不容易，诺基亚时代，三四年才发布一个新版本，苹果手机是一年发布一个新版本，谷歌手机是一季度发布一个版本，小米手机则是每个星期发布一个新版本。用户使用手机过程中有任何建议，最快可以在本周星期五下午五点就给你升级了，保证用户在使用手机的时候有任何想法、任何建议，可以第一时间在手机上得以体现。

传统的手机公司卖的就是产品，卖给用户后不到万不得已不会升级。按照广大用户过去的常规经验，一般的手机买回来就永远不动了，但是，因为是用互联网的模式进行开发，小米每周五就开始升级。小米始终坚信，手机是活的，要永远革新。

雷军的基本理念是，手机会替代PC成为大众最常用的终端。如果手机就是PC，它当然要定期升级，所以"小米"将互联网快速迭代开放的王道，运用在手机操作系统中；小米手机从2011年8月16日发布，一年多来，每周一定更新，已经更新了80来个新版本。有用小米手机一两个月的用户告诉雷军，他觉得小米好。雷军问为什么？对方回答说："原先有几个小问题，过了几天这些问题消失了，你们的每周升级系统太强大了。"

每周迭代开发模式是"小米"最早引入的开发模式，一周发布一个版本是巨大的挑战。为此，"小米"做了两个创新，第一个创新，就是把粉丝的力量吸收进来，听取粉丝的意见、建议，"米粉"的回馈是推动MIUI更新的最强大动力；第二个创新，为了坚持每周更新，"小米"开放了需求管理，把忠诚的粉丝吸纳为开发组成员，让他们跟小米手机方一起管理。MIUI有1/3的创意来自粉丝贡献，这可是来自最基层的用户的呼声，所以小米手机里有很多基于中国人使用习惯的软件，用起来顺手、舒服。

在创业初期,雷军比任何人都更加关注来自客户方面的看法和建议:小米手机还没有面世,相较苹果封闭的体系,安卓手机的体验带给雷军的更多的是一种机会。开放式的安卓手机,因为其特殊的开发模式,在体验环节受到更多用户的关注和质疑。

雷军认为安卓手机的体验不是一家硬件公司独立可以完成的,需要整个生态圈的支持。在中国,安卓手机差不多占市场销售额的90%左右,在全球占60%,雷军判断未来这种趋势还将不断扩大。对安卓手机的体验和抱怨之声不绝于耳,最多的抱怨就是手机耗电,"我买的新手机用了一个月,手机半天就没电了"。还有抱怨说,"用了一段时间后手机反应慢,老死机,而且流量消耗特别快,还有各种各样的弹窗、广告"。整个体验比较差,抱怨特别多。

为此,雷军专门召集设计团队,集中解决应用的需求问题:"我们做了一个小的测试,我们一个月前刚发布全球速度最快的一款手机,配原生的安卓系统,装了最流行的一款应用,什么事情都不干,不打电话,不上网,不收短信,把手机放到桌上,你会发现12个小时之后就没电了。这就是我们发现的现状,远远超出大家的想象,大家指着你说小米手机不好,小米手机电池不耐用。其实核心问题不在手机上,在第三方应用上。"

雷军发现该系统的手机,消息通知栏、各种各样的广告消息和不少应用抢占了手机通知栏的位置。大量的手机应用开发者,由于成本的压力,纷纷在用户的手机上内置插件广告,要求有通讯率存储短信的权限,存储GPS位置,安卓的权限被应用软件大量滥用,这样做的结果是什么?不能形成一个成熟的产业心态和合理的开发生态圈,雷军认为这是安卓手机体验差的根本原因。

在找到问题的根源后,小米工程师们的首要人物就集中在了用户的体验上，用户不喜欢弹窗，喜欢简洁，小米的设计就尽可能地贴近他们的需要。智能手机耗电量大，电池出问题，小米设计之初就按照最高的标准配备电池。联网后台启动、开机启动，小米坚持用户不给权限不做。

这样做的结果就是，小米客户群成为移动互联网上活跃度最高，最核心的人群。百度移动应用统计报告显示，在刷机市场，小米手机活跃度排在第一位，占到整个刷机市场的35%。小米系统的稳定、灵活、个性化、操作性，经受住了市场的考验，这可以说是从系统优化塑造产品思路获得的巨大成果。

第九章

让用户尖叫:小米口碑营销之谜

··

1.低价策略,做性价比最高的手机

雷军最早在给小米手机定价的时候,曾经想定一个足够疯狂的价格,把其价格定在1499元,甚至最好能在999元。但是,最后在核算各种成本之后,雷军还是无奈地将价格定在了1999元。然而,即便是这一价格,还是让人惊呼小米手机的价格便宜。

实际上,雷军曾经的一句"小米正式进军手机市场"就展露了其在移动互联网领域的宏大布局,产品线遍及手机硬件、操作系统、软件服务等领域。"小米并非想靠硬件赢利,只是为了硬件、软件更完美地无缝契合,为用户提供更流畅极致的内容、服务,提升用户的手机端移动互联网体验。"

雷军认为,"小米"作为互联网公司的第一个特点就是商业模式的颠覆,即不靠硬件赚钱,以成本价零售手机。这就意味着"小米"将原来四五千元价格配置的手机定在2000元以内，在这一点上雷军觉得很骄傲，因为小米手机一起步就卖到了1999元。

能将一款高配置的智能手机的价格拉到2000元之内，"小米"显然颠覆了整个手机行业。其实，在小米诞生之前，国内的手机市场有两种生态，一种是高价格高性能，比如苹果手机以及后来的三星手机。一种是低价格低性能，比如以中信、华为、酷派、联想为代表的国产智能手机。

小米手机要想在市场上占据一席之地，靠什么呢？在雷军看来，小米手机只有走"高性能、低价格"，即高性价比的道路才能实现差异化，并且赢得市场先机。

其实，手机行业发展这么多年来，已经非常成熟。硬件采购，从芯片到屏幕，甚至摄像头，每一个产品的价格都是透明的。小米手机作为一个外来户如何才能实现高性能与低价格的结合呢？如果不解决好这个问题，那么小米手机的定位就不可能实现。

为此，雷军和他的团队找出了两个办法，第一是手机不赚钱，将来通过附件和周边产品赚取利润；第二是通过网络以电子商务的形式销售，减少门店和渠道的成本。

第一点相对容易做到，小米开发了耳机、音箱、后盖、贴纸、挂饰、手机支架、耳机绕线器等一系列附件，而且还开发出小米的帽子、T恤、玩偶等周边产品。

第二点小米也已经做到，作为纯互联网手机品牌，小米不仅实现了完全在互联网上销售手机，最大限度地减少中间的渠道成本，大大降低了价格门槛，还通过手机先占据了移动互联网的入口，接下来"小米"要做的是通过进一步完善布局，通过服务来赢利。

传统手机的售价，除了受生产成本影响外，还包含渠道、门店成本，最终都转嫁到用户身上，从而导致智能手机的价格一直居高不下。雷军曾直言不讳地说："小米手机要打造首款网络手机品牌,完全采用线上销售,主要是为了去掉中间渠道和门店的成本,提供低价、高品质、高服务的顶级手机"。

其实,"小米"能坚持低价策略,做性价比最高的手机,最重要的原因是雷军一直坚信:在互联网时代,唯一不会被打败的生意就是有胆量做不赚钱的生意。于是,他从一开始就不指望"小米"能在三五年之内赢利。

2010年1月,雷军找到启明创投的童世豪,说明了融资需求。启明创投之前和雷军有过合作,并且有着不错的信任基础。不过雷军在决定要投资前,还是很诚实地与对方说:"有一点我需要提前说明,小米科技在3~5年内是不准备赢利的,如果启明想要收到短期利益的话,最好慎重投资,也可以选择不投。"

这句话雷军对所有的投资人都说过。这种想法与他用互联网的方式做手机的思想紧密相关。从接触互联网以来,将近10年的时间,雷军一直都在研究这个领域的规律。渐渐地,他发现在互联网上成功的企业几乎无一例外刚开始的时候都是不赚钱的,因为它们的大部分服务都是免费的。

其实,对于互联网的免费法则,雷军早在创办卓越网时就已经运用娴熟。卓越网当时的竞争对手是当当网,雷军用打折的手段和当当网竞争来争取用户。他渐渐地发现,电子商务的核心就是比谁拥有的消费用户多,只要用户存在,以后总是持续消费的。

小米手机作为互联网模式开发和销售的首个互联网手机品牌,其商业模式也将是互联网化的。比如,传统手机厂商依靠卖硬件挣钱几乎是雷打不动的规律,即便是在互联网体验上做到极致的苹果手机,来自硬件的盈利也大为可观。

雷军深知,在互联网领域,免费经济学早已深入人心。其核心理念就是让用户免费使用产品，从而形成口口相传的力量，不断扩大用户基础，更多的用户体验反馈又反过来能帮助这个产品更好地改进，良性循环就此形成。腾讯的QQ和微信，以及360安全卫士，都是通过这一模式，成为互联网行业的赢家。

有人质疑"小米"的赢利模式："小米手机不靠硬件赚钱，那么究竟怎么赢利？"

"10年前腾讯怎么赚钱，今天我们就怎么赚钱！"雷军说。

腾讯QQ的软件客户端在Windows上的使用是免费的，但腾讯成了中国最赚钱的互联网公司。因为QQ是大多数人都要使用的软件，如果QQ能保持成为每个用户的入口，只要发现赚钱的机会，腾讯就可以加入。

360也是如此，免费做安全杀毒，免费提供浏览器，免费管理软件，可当它成为绝大多数人的桌面时，所有软件只有通过它才能到用户手上，于是它就可以以游戏赚钱收游戏联合运营的钱，团购火收团购的分成费，最后它也就上市了。

同样地，雷军认为手机是目前人们唯一不可或缺随身携带的电子设备，未来所有的信息服务和电子商务服务都要通过这个设备传递到用户手上，谁能成为这一入口的统治者谁就是新一代的王者。3~5年不准备赢利，雷军其实是想要占据一个入口，像谷歌和360那样，只要用户足够多，以后通过终端销售内容和服务就可以赢利了。

经过一系列的探讨，雷军最后确定了小米手机的策略：在不赚钱的模式上发展手机品牌，软硬件一体化，定位中档机市场——1999元，价格不高不低，基本配置以高端机看齐，甚至领先。较高的性价比形成的进入壁垒，很容易成为小米手机的竞争优势。

于是，小米手机从一开始就不准备用硬件挣钱，初始定价为1999元，基本上接近成本，而内置的MIUI系统也是免费的。这种颠覆性的营销模式很快取得了成效——小米手机刚卖一个星期之后,就处在中国市场手机品牌第9位,在所有国产手机里排第一位,而它的百度指数是36万,热度达到iPhone4S热度的2/3。

高性价比使小米在半年内卖出了180万部,反而实现了微利。后来小米又和联通、电信合作,用户预付一定的话费就可以免费拿到小米手机,开发了另外一种免费模式。

2.销售模式:只在互联网上卖手机

在2013年11月11日的"双十一"网购狂欢节,天猫350亿元的交易额占据了各个网站和报刊的头版头条,而紧随其后的就是小米在天猫"3分钟销售额破亿"的销售速度神话,并创造了高达5.5亿元的全天销售额。

之后,在"天猫2013年双十一销售额排行榜"上,无论是"店铺交易排名",还是"宝贝销量排名",小米都位列榜首,而且小米3TD版、红米、小米2S、小米2S电信版,分别占据"宝贝销量排名"的前4位。这无疑力证了小米手机持续火爆,以及"小米"只在互联网上卖手机所积聚的效应。

在手机行业曾有这样一个说法:"现在智能手机只分两种,苹果和非苹果。"

雷军知道这句话产生的缘由以及它背后的含义,所以,他一针见血地说出一个词——"颠覆"。在一步步创办"小米"的过程中,雷军深知,打败苹果的方式绝对不是再复制一只苹果。

　　雷军显然不会选择没有颠覆地做自己的事业，他要做的不仅是颠覆自己，颠覆手机行业，还要颠覆移动互联网产业。于是，他给"小米"的颠覆性定位是：通过互联网方式研发的小米手机不设任何线下销售渠道，而是用电子商务的方式，只在互联网上进行销售。

　　其实，雷军很早就敏感地发觉，随着智能手机战场的竞争日益激烈，手机厂商靠硬件获得高利润的模式必然难以为继，而用互联网的方式销售，直接面对终端消费者，可减少中间环节，节省所有中间成本，让小米手机与同等配置手机相比更具有价格优势。除此之外，这种互联网销售的方式不仅很有时尚感，而且还便于手机购买者根据自己的喜好在线定制手机后壳等多种手机配件，满足小米手机发烧友个性化的需求。

　　然而，小米手机的这种销售方式也曾不被人们看好。因为之前手机的销售模式，一种是门店销售，通过全国的各级代理，在手机城、电器商场、专卖店等地销售；一种是与移动运营商合作，推出合约机型。虽然京东、淘宝等电子商务网站都有手机产品的销售，但是当时，消费者网购手机并不是主流。小米手机要想通过电子商务模式进行销售，而且要在自有平台销售，难度可以说是非常之大。

　　而且在小米手机之前，采用互联网销售模式的最著名手机，就是谷歌推出的第一款自有品牌手机Nexus One，这部手机曾被谷歌寄予极大的厚望，但是反响并不尽如人意。由于只在谷歌官网上销售，没有经验的谷歌并没有处理好它随后遭遇到的各种各样的客户投诉。

　　实际上，Nexus One几乎验证了互联网销售手机的所有短处。比如，由于消费者看不到和体验不到实体机，很难决策是否购买；网上购买手机容易让顾客的期待与现实产生落差；互联网销售取消了分销商，会导致在最底层缺乏发力营销的渠道；售后服务单靠网络解决,在时效性和返修的费用方面都有很大困难。

因此,Nexus One的互联网销售很不理想,Nexus One在其发售两个多月后仅售出几万部,市场的冷漠也很快证实这是一个失败的案例。最后,谷歌不得不在半年后就停售了这款手机。而且,Nexus One还被美国《时代》周刊评为"年度三大失败的科技产品"之一,理由是谷歌没有良好的市场营销,没有零售渠道,手机3.7英寸的屏幕以及滚球的设计方式都存在着很大的缺陷。这一度让谷歌负责Android平台的掌门人安迪·鲁宾非常难堪。

因此,雷军为组建"小米"的创业团队,到谷歌挖工程师时,对方听到"小米"是在互联网上卖手机,就问了雷军很多特别尖锐的问题。在他们的思维里,实力强大的谷歌只在互联网上卖掉了几万部手机,刚准备创业的"小米"凭什么敢在互联网上卖手机?而且,为了进军通信市场,互联网巨鳄谷歌不得不以125亿美元收购了摩托罗拉移动,小米能有实力打开手机市场吗?

这些问题也都是雷军思考过的。雷军以Nexus One的失败为例,分析了要想以网络销售的方式在互联网上卖手机,就需要满足两方面的条件:第一个是先做好营销,打造知名度,这样才会有人在网上购买;第二个是要有足够的力量解决售后问题,让人们放心在网上购买。

说到底,谷歌的失败是不懂如何通过互联网的方式做手机,而雷军深谙此道。

早在2007年,他就用电子商务的模式成就了互联网品牌卓越网,而现在,他也有办法用互联网模式成就手机品牌"小米"。雷军要做的是,让"小米"做到当年谷歌都做不成的事。

显然,"小米"在制定销售方式时避免了谷歌Nexus One失败的做法。雷军格外强调对核心发烧友团队的重视,认为他们可取代终端销售商,进行口碑营销;同时,与具有丰富电商经验的凡客诚品合作,由后者负责仓储、配送甚至售后服务;最后,在MIUI论坛事先经营了30万高活跃度的用户。这大概也是雷军所谓"只在互联网上卖手机"的底气所在。

而且很幸运的是,"小米"碰上了微博大爆发的时候,小米手机在正式发布前,其团队充分发挥了社交媒体——微博的影响力。2010年"小米"迅速抓住这个机会,并将微博营销变成其塑造品牌的主战略。从小米网的组织架构上,人们都能看到这种战略聚焦,刚开始小米网的新媒体团队就有近百人,其中小米论坛30人、微博30人、微信10人、百度、QQ空间等10人,全力利用互联网的社交媒体做小米的营销。

比如,在小米手机发布前,通过手机话题的小应用和微博用户互动,挖掘出小米手机包装盒"踩不坏"的卖点;产品发布后,又掀起转发微博送小米手机的活动,以及分享图文并茂的小米手机评测等。在小米手机发布之前,雷军每天发微博的数量在2~3条,但在小米手机发布前后,他不仅自己在微博上高密度宣传小米手机,还频繁参与新浪的微访谈,出席腾讯的微论坛、极客公园等活动。

除此之外,雷军的朋友们,包括过去雷军投资过的公司高管,如凡客诚品CEO陈年、多玩网CEO李学凌、优视科技CEO俞永福、拉卡拉CEO孙陶然、乐淘网CEO毕胜等,都纷纷出面在微博里为小米手机的宣传造势。作为IT界名人,这些人中的每一个人都拥有着众多粉丝。可以说,微博的营销功能被小米团队运用到了极致。

最终,"小米"凭借着泡论坛、拉粉丝,在微信、微博上的营销宣传,第一批的30万部手机很快被抢购一空。之后,小米在线预订都在不断上演,并不断刷新之前的神话。

事实证明,小米手机的确实现了完全在线销售,不过并非像人们预想的那样直接在凡客诚品、乐淘网等电商平台销售,而是购买域名自建电商平台,直接在小米官网上进行销售。在筹办自己的电商平台过程中,"小米"借鉴凡客诚品、乐淘网等兄弟公司的经验和资源,打造了完整流畅的在线销售服务体系,而配送服务则采用凡客诚品的物流配送体系。

"小米"创造的奇迹,可能超过了很多人的预料。在没有做任何广告的情况下,小米团体仅凭借网络媒体,靠"病毒式营销",成功地实现了品牌的推广,就让很多人认识了小米手机以及小米公司这个大家庭。

同时,小米手机也创造了国产手机销售的新纪录,在首发之后,仅仅34个小时,小米手机的预订量就超过了30万部。雷军打造真正的互联网品牌手机这件事,终于不再被外界质疑。

3.让用户尖叫,超预期才有好口碑

互联网公司的游戏规则就是得产品经理得天下,雷军把这种产品经理方法引入到了手机领域。"互联网上一个人夸你的产品好,多半原因是超出了预期,不超出预期没人说你好。而预期是跟期望值比较的,过于高调只会把用户的期望值吊得越来越高。"在雷军看来,只有超过预期、令用户尖叫的产品才能形成口碑。

在小米公司,雷军的第一定位不是CEO,而是首席产品经理。几千人规模的小米公司,雷军在管理整个公司的时候,只设置了每周一次、每次一小时的公司级例会,没有什么季度总结会、半年总结会。他将80%的时间都用来参加各种产品会，每周都会定期和MIUI、米聊、硬件和营销部门的基层同事举行产品层面的讨论会。

在产品思维上，雷军一直用两点极致的标准来衡量"小米"的行为：第一是用户会不会为小米的产品尖叫；第二是用户会不会真心地把小米的产品推荐给朋友。因此，在产品方面，雷军一方面通过精益求精，以及"顶配""首发""低价"这样的词语来不断引发用户的尖叫，另一方面通过超越用户预期的服务来赢取口碑。

比如，"小米"到目前为止发布了几款手机，每一代在当时都是业界的最高配置，即"抢首发"的策略。因为首发，用户会为能够拥有这样一部手机而感到满足，甚至是可以用来炫耀的。小米1采用的是国内首家双核1.5G芯片，定价只有1999元的中档价位，性价比超出消费者的预期。小米手机因此一炮打响，制造了"用户尖叫"的效应，供不应求。

之后，小米2打的是发烧级四核高性能芯片，首款28纳米芯片，并在当时主流机器的内在都是1G的时候，小米2将内存标准提升到2G。作为当时的"最高配置"，价格依然是1999元的中档价位。小米营造的这种"尖叫"慢慢形成一种惯性，以至于后来的红米、小米3、小米机顶盒、小米电视等新品都形成供不应求的火爆局面。

除此之外，雷军还坚持认为，在今天浮躁的移动互联网世界里，如果你想做成点事，最好静悄悄地低调去做，做出超出用户预期的东西。如果公司做了很多广告吹嘘产品，吊高用户的胃口，但产品达不到预期，最后用户一定会失望的。

雷军是个善于思考的人，即便是生活中小细节，他也不会做完就忘到脑后。听说香港的太平洋帆船酒店是全世界最好的酒店，雷军在一次游迪拜的过程中决定顺道去那里看看。结果却使他大失所望，他在心中产生了一个大大的问号：这就是传说中全球最好的酒店？这就是排名全球数一数二的酒店？为什么去了帆船酒店的感觉甚至比去海底捞火锅店还要糟糕？但是，海底捞真的比帆船酒店好吗？他发现，这其实是因为自己对帆船酒店和海底捞的期望不一样。海底捞的地理位置都很一般，人们不会对它抱太高的希望，但是帆船酒店是全世界数一数二的酒店，那里应该让自己有超乎寻常的体验。正是因为带着这样的期望，所以就很难满足。这或许就是人们常说的希望越大，失望越大。

口碑好不好，并不单纯在于那个地方或者产品的品质怎么样，而在于用户的预期有多高——口碑的真谛就是超越用户的期望值。无意间，雷军看到的美国一家卖鞋网站Zappos验证了自己的想法。

2009年，亚马逊花8.47亿美元收购了这家网站，雷军刚刚得到这个消息时十分惊讶：凭什么它能值这么多钱？他开始研究这家网站究竟有什么奇特的地方。经过一段时间的了解，结果简单得让雷军自己都有些意外。

原来，这家网站最大的利器就是很会调整用户的预期，让用户不断地发出惊叹。他们承诺用户，交易成功之后，鞋子会在4天送达，但是实际上用户在隔天就能收到鞋子。并且，在这家网站买鞋的用户还能享受一项特权：买一双鞋可以试用3双鞋，然后将不合适的寄回来——当然这是免费的。而这些都是史无前例的。

这家网站的聪明之处不在于能在两天之内将鞋子送到，而是告诉用户需要等待4天而不是两天，所以提前收到鞋子的用户同时还收到了一份惊喜。这给了雷军很好的借鉴，虽然做到这一点并不容易。

这个时候，雷军深知，在产品还不成熟的情况下过度宣传，会让用户期望值太高，对产品的口碑没有好处。相反，低调推出产品，让用户超出他本来的期望值，反而会收获好的口碑，打造好的产品形象。于是，在小米科技创办的时候，雷军做了不少保密工作。刚刚开始组建团队时，雷军每见一个人，都要说一句："这件事情暂时保密！严格保密！"

当几十个人将第一款产品做出来之后，他并没有按套路出牌去打广告，而是带头领着一堆人在几个论坛里发了几张帖子。此时，谁也不知道那个产品是软件领域的元老做出来的，一时间，很多人都觉得这软件做得真好，最后竟然形成了庞大的"米粉"队伍。单单靠着口口相传的力量，这款产品很快就传到了全世界，甚至还有一个美国博客站提名让雷军团队做年度产品。

其实，得到这个褒奖的雷军有些汗颜：若是大张旗鼓地做产品，不一定能有这样的效果。"其实还是因为别人不知道，用户没有预期，所以一出来感觉有些意外和惊喜，觉得这个产品很好。"他说。"小米"所做的这一切都远远超出用户的预期，他们很乐意将这些事情和身边的人分享，从而使"米粉"的队伍不断壮大。

这样的推广手法，不光节省了小米手机市场营销的费用，还使小米团队看出产品对于用户真正的吸引力所在。"在互联网上，刚刚开始时最重要的不是大规模地做广告，而是做好搜索引擎优化和病毒式营销，尽量压下用户的预期值，专心做好产品，让产品说话。"雷军说。

在雷军看来，"一个公司最好的评价是用户口碑，用户口碑是一个公司能够长期生存并发展的生命线。一个公司想要处理负面影响，需要花很多的时间和资金，而且未必能消除影响。但是用户口碑会很快将公司的形象传播出去，用户口碑是电商行业的生存底线。"

在小米内部，雷军要求所有员工在朋友使用小米手机的过程中，无论遇到任何问题，无论是硬件还是软件，无论是使用方法还是使用技巧的问题，还是产品本身出现了Bug（故障），都要以解决问题的思路,用心地去帮助朋友。

值得一提的是,在用户与口碑的建立上,雷军特别看重"人不如旧"的概念。他说:"做天使投资时,我总会给老朋友便宜一点的价格。第一次跟着投的人永远最贵。这样,朋友得了实惠,而想要进入这个圈子的新人,贵的价格就是新人的入场券。对用户也是一样。别人都是老用户不停收费,新用户免费。为什么我们不能给老用户免费,对新用户收费呢?这样可能会放慢产品扩张的速度,但照顾好老用户之后,带来的是更加持久的品牌生命力。"因此,雷军一直要求"小米"要相信用户,相信用户口碑,相信一个超级忠诚的用户,能够带来更多的用户。正是这样的极致的产品思维,才让"小米"一直拥有很高的用户满意度,以及良好的用户口碑。

4.人在做天在看,真材实料不偷懒

越是做到极致的东西就越简单,伟大的事情也无非是做好每一件小事。在做小米手机之前,雷军一直思考在中国市场如何能做一家基业常青的公司,他自己也一直在找典范。为此,雷军专门研究了同仁堂,他发现已经有340年历史的同仁堂可谓是一家真正伟大的公司。

同仁堂有两句话让雷军印象深刻,一句是"炮制虽繁必不敢省人工,品味虽贵必不敢减物力",雷军将其翻译为"真材实料不偷懒"。另一句是"修合无人见存心有天知",雷军翻译为"你做的事情虽然没有人看见,但是老天知道"。

　　雷军认为，"小米"做产品就应该倡导同仁堂精神，要做一家真材实料的公司。因此，在"小米"创办之初雷军就把真材实料作为小米手机的立身之本。"当企业真正真材实料地做每一件事时，老天会知道的，用户也会感觉到的。"雷军说。

　　当然，为了做好小米手机，雷军也曾拿手机行业的老大iPhone做研究，试图从它身上找到灵感。然而，看着iPhone那个被咬了一口的大苹果，雷军却感觉无处下手。苹果采用的是极简设计，就连图标也是这样，简单、极致、无懈可击。他发现，苹果的成功是无法复制的，经典永远只有一种版本。

　　像乔布斯一样，程序员出身的雷军也是一个完美主义者。在做事方面，雷军的要求很高，他觉得做一件事情就要做到极致，做到自己能力的极限，细化到最后，也就变成雷军口中的"同仁堂精神"：永远坚持真材实料做好每一件事。

　　在创办前的一年半时间里，"小米"十分低调，"小米"的每一位员工每天在那里默默工作，然后努力把每一件事情做好，雷军相信，当小米做的事情能够打动一小批发烧友的时候，才会引起更多人的关注。

　　在一次"米粉"节上，雷军讲了大概一个半小时，向大家介绍MIUI系统，并透露了为MIUI找壁纸的小细节。可能很多人会认为，找一张最好看的壁纸是一件再简单不过的事。但是，仅仅做这样一件小事，小米团队就看了接近100万张照片，甚至还开发了一个软件，专门为了挑选最满意的壁纸。然后他们发现，找到一张好壁纸实在很不容易，因为"小米"对壁纸的要求是：要放到锁屏里面好看，放到壁纸里跟图表不打架，还要有意义、有细节，至少要90%人喜欢，不会有人反对、反感。

　　在雷军看来，找到这样的壁纸将是一个浩大的工程。他说："不信大家把自己的iPhone打开看一看,能用的就那张水波纹,其他都不可以;把Windows打开,除了星空能用,别的都不能用。"

2012年7月, 小米团队以10万元人民币发动广大群众为小米手机推荐壁纸,一张图10000元,最后小米征集了45000张可以说是十分精美的图片。团队加班加点从中挑选了310张,可雷军看完后都不满意。在他看来,找到好的壁纸,就跟投到好项目一样困难。

怎么解决这个问题呢?为了找到最好的壁纸,雷军不得不逼着"小米"所有的设计师去画壁纸,在8个月的时间里,雷军几乎把所有的设计师都逼疯了。最后,设计师们画出5张堪称完美的壁纸,但它们并不是真的完美,离雷军的要求还是有差距。因此,雷军不得已继续征集:如果谁能做出比这5张壁纸更好的图片,我们承诺100万元人民币买一张壁纸。

仅从为小米手机做壁纸这件事情足以看出雷军的极致思维。在雷军的产品理念中,是不是真的将产品做好了,就看一个人在产品上花了多大力气,如果没有花力气,没有尽心尽力,产品自己会说话,用户也是看得见的。

雷军推崇一句话:做到极致就是把自己逼疯,把别人逼死!他给小米制定了基本的发展路线:用移动互联网做手机,做到极致,形成不能复制和替代的核心竞争力,击败对手。他为小米手机选择了双核1.5G处理器, 并且花费了很长时间和精力寻求最顶尖的合作商。关于小米手机的价格,雷军承认,"小米1999元是割喉价,要先把自己逼疯!"

在798艺术区小米手机的发布会上,雷军说出了这样一句话:"'小米'没有营销费用,没有线下销售的计划,今天把所有参数全部公布出来,我们已经没有什么秘密了。到今天为止,'小米'没有退路了。"

在小米手机的功能设置上，雷军也强调专注于一些主要功能的开发，真材实料做好每一件小事的理念。很多人都会产生这样一个想法：公司出的产品越多，就越能满足人的需求，传播得也会更快。雷军认为这其实是一种不自信的表现，款型太多反而分散了用户的注意力，而且这样的公司很难做出真正的高端产品。

5.小米口碑营销十大秘诀

小米联合创始人黎万强在出版的新书中，提到了小米口碑营销的10大秘诀，值得大家仔细玩味。

(1)互联网思维就是口碑为王。谷歌深谙这个道理："一切以用户为中心，其他一切纷至沓来。"2004年谷歌推出Gmail电子邮件时，就完全依赖于口碑。当时，谷歌只提供了几千个Gmail的试用账户，想要试用，必须有人邀请才行。这些数量有限的"邀请码"迅速在全球流行，被用来交换各种各样的东西，比如到迪拜度假两夜，或者交换旧金山的明信片。甚至，Gmail账户在英国eBay上面的叫价高达75英镑。

不少淘宝品牌的崛起也是依靠口碑传播。比如"韩都衣舍"凭借快速跟进时尚的设计和选品，在各类购物社区中都是女性用户推荐分享的重点品牌；护肤面膜品类中的"御泥坊"，以产地的特殊天然原材料矿物泥浆为卖点，吸引了不少女性用户的追捧，成为淘宝系面膜类的领军品牌；又比如坚果品类的淘品牌"三只松鼠"，在口碑传播之下越卖越火。

传统的商业营销逻辑是因为信息不对称，传播就是砸广告做公关，总之凡事就是比嗓门大。但是，新的社会化媒体推平了一切，传播速度大爆发，信息的扩散半径得以百倍、千倍地增长，频繁出现了"一夜成名"的案例。

信息对称让用户用脚投票的能力大大增强。一个产品或一个服务好不好，企业自己吹牛不算数，大家说了算；好消息或坏消息，大家很快就可以通过社交网络分享。信息的公平对等特性，也使网络公共空间具备了极强的舆论自净能力，假的真不了，真的也假不了。

(2)口碑的本质是用户思维，就是让用户有参与感。基于互联网思维的参与感，对于传统商业而言，类似科幻小说《三体》里的降维攻击，是不同维度世界的对决，更通俗地讲是"天变了"。

消费者选择商品的决策心理在这几十年发生了巨大的转变。用户购买一件商品，从最早的功能式消费，到后来的品牌式消费，到近年流行起来的体验式消费，而"小米"发现和正参与其中的是全新的"参与式消费"。为了让用户有更深入的体验，"小米"开放做产品做服务的企业运营过程，让用户参与进来。

(3)口碑是信任关系的传递，和用户做朋友。用户和企业之间，到底是一种什么关系才是最理想的？千千万万的用户，有千千万万的想法，他们为什么要认可你的产品？认可了你的产品之后，为什么要主动帮你传播？

社交网络的建立是基于人与人之间的信任关系，信息的流动是信任的传递。企业建立的用户关系信任度越高，口碑传播越广。

做企业就像做人一样，朋友才会真心去为你传播、维护你的口碑，朋友是信任度最强的用户关系。小米的用户关系指导思想就是——和用户做朋友！

(4)好产品是口碑的本源和发动机。一个企业想拥有好口碑，好产品就是口碑的发动机,是所有基础的基础。产品品质是1,品牌营销都是它身后的0,没有前者全无意义。而如果产品给力,哪怕营销做得差一点,也不会太难看。

小米营销是口碑传播,口碑本源是产品。所以基于产品的卖点和如何表达卖点的基本素材是传播的生命线。每一次新品发布,把发布会演示文稿做好,把产品站做好就算是完成了一大半。

这与很多大企业是完全相反的逻辑,我们接触过一些4A广告公司,在定义新品发布时往往会把大部分精力用在"大概念"和形式感上面。有些公司甚至认为不要做产品站,认为用户不会看也看不懂,认为信息太多反而会影响"大理念"的到达。所以很多创意人员说起产品理念头头是道,但是连自己营销的产品的重要参数都一知半解。

我们认为我们的用户从来没有像今天这样聪明,因为一句精美的广告词就购买产品的时代一去不复返。在我们小米社区就可以看到,用户购买前会仔细阅读产品特性,搜索对比和评测,甚至连产品拆解都会阅读。每个用户都是专家,甚至比我们还了解竞品特点。

所以,在提炼核心卖点后,我们反而会在PPT和产品站上下足功夫。我对我们营销同事的要求是对产品和技术的了解要不亚于工程师,因为你只有自己明白后,才能将技术语言翻译成"人话"讲给用户听,也能从这个过程中挖掘到真正对用户有价值的特点。设计师也只有在了解最细节的产品特点时,才能将卖点最好地转化为设计语言。

(5)做口碑可以零成本。我带队启动小米第一个项目MIUI时,雷总就跟我说,你能不能不花1分钱做到100万用户?方法就是抓口碑。因为你没钱可花,要让大家主动夸你的产品,主动向身边的人推荐,就只得专心把产品和服务做好。

2011年6月,我们开始找小米手机的营销负责人,我跟雷总见了若干人,来的人总爱跟我们说,"你去打广告""你去开实体店"……我们很失望,"小米"要找的并不仅是销售,而是一个真正理解互联网手机理念的人。

两个月过去了,还没有找到合适的人,雷总说:阿黎你上吧。

一开始,我们做了一个3000万元的营销计划,想借用凡客已有的媒介资源计划做一个月的全国核心路牌推广,结果当面被雷总"拍死了"。他说:"阿黎,你做MIUI的时候没花1分钱,做手机是不是也能这样?我们能不能继续不花1分钱去打开市场?"

当时我的第一反应是,做MIUI系统,用户是不花钱就可以使用的,做手机,用户是要花钱购买的。那时候,我心里也会打个问号:手机是2000元的东西,如果你最后不花一点广告费,让用户来埋单,是不是真的可行?

"小米"是全新的品牌,没有钱,没有媒介,没有广告投放。没办法,我们只能死磕新媒体。

(6)社会化媒体是主战场。好口碑需要让更多的人更快地知道,因此需要善用社会化媒体,社会化媒体是口碑传播中的加速器。

有的公司做社会化媒体的时候,很喜欢找外包,由外包公司去帮你代运营;或者抱着试试的态度,从传统的营销部门中找一两个人去试一下。其实这样的方式,没有温度感,很难做透做好。"小米"目前在社会化媒体平台上投入的人力有上百人,我们把这些新媒体当作最重要的营销平台。

找什么人来做社会化媒体,我们的做法也算是反传统。传统企业都会找营销策划人员来做,但是对于"小米"来说,我们是做自媒体,要做内容运营。因此,"小米"的社会化媒体营销人的第一要求,不是做营销策划,而是做产品经理。

我们强调用产品经理思维做营销。小米的营销工作通过新媒体平台直面用户,而新媒体和传统媒体营销最大的不同是,营销不再是单向的灌输,用户和企业之间的信息对称,交互随时随地都在发生。这个时候,作为新媒体的运营人员,如果你不懂产品,就很难把产品的特点向用户讲清楚。

(7)做口碑需要种子用户。2010年8月第一版MIUI发布时,我们只有100个用户,他们是口碑传播最早的核心用户。从最初的100人开始积累,并通过口碑传播不断扩散,MIUI早已超过了6000万用户。

在用户积累早期,我们特别注重忠诚度的积累和初期用户的纯粹度。当时曾有同事建议我们做一款MIUI专用的刷机软件,我否定了这一想法:还不适合尝试更大规模的推广,应当专注于发烧友用户的召集,保持早期种子用户的纯粹性,如果一般的"小白用户"过早大量涌入,MIUI初期的核心群体口碑积攒能力就可能受损。

真正的发烧友关注什么?一言蔽之:新奇特、高精尖。产品在某一方面做到极致,就自然能得到发烧友追捧。这就是小米手机从诞生起就一直追求高性能的原因。只要性能突出,个性鲜明,就一定会有人爱。

最初爱你、赞赏你的,就是核心种子用户。这些发烧友是人群中的意见领袖,而在消费电子行业中,意见领袖的评价对普通用户的购买决定有很大的影响力。

发烧友意见领袖发挥的是口碑营销的张力,现代社交化媒体的崛起又给它无限加成。以前的发烧友是小众的,能影响的多是周边人群的圈子,而现在即便你不打电话,不上专业论坛去询问,在微博、微信上都能非常容易得到推荐。今天我们打动消费者的路径变得非常短且扁平化了。

所以围绕住发烧友做产品、做营销的方式才能得到空前的成功。更何况,"小米"要做的手机、电视等产品,都是标准化大众市场产品,我们要做的是国民品牌,在社交化媒体领域话题更普及。

(8)定义产品卖点时,就考虑口碑推荐场景。"卓尔不凡",这是我们在诸多广告中最常见到的词,却是小米内部策划会议上经常被批判的一个词汇。我经常在内部讲,小米做的是口碑推荐,我们在定义产品的卖点时,其实你只需要考虑一个场景,你在那个当下会向朋友怎么来推荐。你向朋友推荐的时候,肯定不会讲"小米手机卓尔不凡",对吧?肯定得讲大白话"小米手机就是快"。

同事给我很多案子,我的第一句很多的时候是:不要这么扭扭捏捏的,能不能简单直接点。很多企业在设计上,第一个陷阱就是玩虚的,比如高大上、伟光正。这套设计你觉得用在你的产品上挺好,用在别人身上也挺好,看起来很潮很炫,想展现品牌高大上,简单说就是"要画面",觉得用在哪儿都挺好,但就是不抓心。第二个陷阱就是经常把噱头当卖点,没有把产品那个最大的点、最本质的点讲清楚。

(9)讲人话,要"走心"。我对我们营销同事的要求是对产品和技术的了解要不亚于工程师,因为你只有自己明白后,才能将技术语言翻译成"人话"讲给用户听,也能从这个过程中挖掘到真正对用户有价值的特点。

我曾在前面的"参与感三三法则"建议内容运营:有用、情感和互动。这里的有用是要求不讲废话,情感是讲人话,互动则是要引导用户分享扩散,引导一起玩。

我们在表达上需要的是自己真实的产品体验,内容不必追求多成体系,但要讲自己的痛点挠自己的痒处。

传统的客户服务,都会通过培训教会员工一套复杂的标准答案。在"小米"的客服体系里面,我们不仅仅有标准答案,我们更要求大家在掌握了标准答案后能够忘记标准答案，敢于面对具体问题想方案，敢于"说人话"。

因为我们服务面对的是人，如果我们通过标准答案把客服员工培训成机器，让机器去和人对话，那用户怎么能满意呢？

我们强调语言环境，一定要"讲人话"。在微博上，哪怕讲点俏皮话都无所谓。因为微博很多都是私信来往的，这种朋友般的带入感，应该是越真实越好。

在小米之家，我们经常说的一句话是：非标准化服务就是要"走心"。有一次，一位女用户来到苏州小米之家维修手机，她当天的心情不大好，我们的店员现场送了她一个手绘彩壳——在她的手机后壳上手绘了一棵绿树。这位用户高兴地说，这是工艺品，舍不得用要回家裱起来，在临走前还送了一支洗面奶给我们的店员。

（10）要学会输出故事和话题。在传播中，要懂得把好产品输出成精彩的故事和话题！MIUI口碑最初建立时，有3个节点十分重要，这些节点是口碑传播的"故事和话题"。

"快"是第1个口碑节点，使用更流畅了。我们从深度定制安卓手机系统开始入手，当时MIUI主要是做刷机ROM。表面看，用户是在使用手机硬件，但实际上绝大部分的操控体验，本质上还是来自于软件。当时很多刷机软件都是个人和一些小团队做的，他们都没有足够的实力或持续的精力来真正做好底层的优化。我们一上来抓住"快"，优化整个桌面的动画帧速，从每秒30帧到40帧到60帧，让指尖在屏幕滑动有丝般流畅感；逐个优化主要用户痛点，把打电话、发短信的模块优化得体验更好、速度更快，比如给常用联系人发短信，一般系统要3~5步，我们只需两步。

"好看"是第2个口碑节点。那个时候，相比iPhone，安卓系统的原生界面算是难看了。我们先优化程序让系统更快，三四个月后开始做"好看"。一年后,MIUI的主题已经到了可编程的地步,如果你有一定的编程能力,主题可以做得千姿百态。MIUI在手机主题这个点的产品设计上,论开放性和深度,整个安卓体系我们是做得最出色的。

"开放"是第3个口碑节点,我们允许用户重新编译定制MIUI系统。这带来了什么样的发展?开放性就让很多国外的用户参与进来,他们自己发布了MIUI的英语版本、西班牙语版本、葡萄牙语版本等。这种开放策略吸引了国外很多发烧友用户去深度传播MIUI,国外的口碑又反过来影响了国内的市场传播,类似"出口转内销"。

6.小米并非"饥饿营销",很多人就是"学不会"

雷军在2013年接受媒体访谈时表示,现在很多公司开始学"小米",这是经历了三个阶段:第一个阶段叫看不起。第二个阶段叫看不懂。第三个阶段是想学学不会。

以下是访谈实录:

媒体:我们知道小米手机和小米电视的市场反响都非常好,也有评论认为咱们饥饿营销是不是有一些过了,您对这个问题怎么看?

雷军:这个问题是伴随着小米手机成长过程当中被骂得很惨的问题。我做过无数次的解释,但是我今天特别希望你们帮我把这个问题解释清楚。

第一，小米手机到今天为止，产品发布了多长时间，大家还有概念吗？我们的产品是2011年10月底上市的，到现在，这个产品上市之后，只经营了26个月。第一个月我们总共只卖了1万部手机，这个月预计会超过300万部手机，翻了300倍，这个月的营业额有望突破50亿元。如果300万部手机大家还是没有抢到，我们会继续努力，但是真不是我们的问题，就是说1万部作为饥饿营销，有饥饿营销搞300多万部搞50多亿元的营业额吗？今年小米手机的营业额有机会突破300亿元，有99.99%的把握突破300亿元。

我记得今年年初被大家逼得不行，我说这样，去年我们做了729万部手机，今天我恨不得要对毛主席发誓我一定要做1500万部，就是人大会的时候很多人骂我，我说我保证做1500万部，我们去年做700多万部大家不满意，我们说今年至少翻一倍吧，翻一倍至少1400多万部。在人民大会堂的台阶上，我跟毛主席发誓，我说我保证做1500万部，今年的成绩单肯定很快就公布了，也许1900万部上下吧。我要特别跟大家声明的，小米手机成长速度远超大家想象，其实它在不断突破一个企业成长的极限，但是企业成长是有限制的。

你想，26个月的时间里面，从1万部到300多万部是什么概念，它在急速地成长，我想大家再给小米手机两年时间，这种抱怨可能就会减少。

另一方面，"小米"一直在追求做顶级的产品，最厚道的价钱，这可能永远是一个矛盾体，我们刚做了一款小米的移动电源，被抢疯了，大家都抢疯了，大家说怎么买移动电源都要排队，但是需求量真的比大家想象的多，这个我没有办法说什么，我争取移动电源在第一季度就供货1000万部以上。

我觉得大家应该反过来想，有了"小米"以后，国产的产品品质大幅提升，价钱又往下降了很多，大家都在学"小米"，最终消费者是受益的,可能你没有买到"小米"的产品,但是你买到别的,同样好的国产产品,同样便宜的国产产品,这不就是大家受益吗。我相信"小米"所带来的互联网颠覆传统产业的模式,应该在手机行业里面被验证了,而且整个手机行业都在学"小米"。

媒体:您觉得您未来最大的挑战是什么?因为有很多伟大的公司最后都是随着泡沫或者其他原因倒闭了,您觉得"小米"现在的急速成长和辉煌……

雷军:我们总结过只要坚持三点就可持续:

第一,永远要做出能让用户尖叫的产品,做不出来就是我们变得平庸了。

第二,客户买过小米手机之后,是不是心甘情愿地向朋友推荐。"米粉"是一窝一窝的,有了一个"米粉",很快就可以有10个"米粉",星星之火可以燎原,这是我原来尝试的口碑营销。我说服了消费者,消费者愿意心甘情愿地向朋友推荐小米手机。我昨天还收到一个记者给我发的截图,他的朋友跟他说红米好,好到了无与伦比的程度,他说用100分形容红米都不够,假如有100分,红米给他的感受比100分还高。我的体验是不仅卖给用户的一瞬间让用户尖叫,更重要的是用户用完后也觉得好,愿意向他人推荐,这是我们第二条要坚持的。

第三,坚持创业心态,然后克制贪婪。我们每次讨论这个事情的时候都反复问自己,是不是一定要坚持做下去,我们能不能不做这件事情。

所以你说一些伟大的公司今天平庸了,甚至破产了,我觉得核心的问题是不够极致,然后做的事情太多,面对变化的时候没有跟上变化的节奏。其实这一步手机公司的革命是因为移动互联网来了,他们没有跟上变化的节奏,智能手机和移动互联网来了,他们没有跟上。

媒体：您刚才说的有很多人模仿"小米"，我们也知道确实有非常多的公司模仿"小米"。包括电视领域里面也有，我们知道有一些公司开始也是影响特别很大，但最后好像都无声无息了，为什么学了"小米"还是没有成功？

雷军：不叫模仿，他们叫"学小米"。

一年前，我在一篇文章看到了，大家"学小米"是三个阶段：第一个阶段叫看不起。第二个阶段叫看不懂。第三个阶段是想学学不会。这是去年一年大家总结的三个阶段，刚开始大家觉得"小米"就是胡闹、胡折腾、炒作。包括扣在我们头上的两个帽子，就是刚才大家谈的两个词，一是饥饿营销、二是期货，发明了两个词扣在我们头上了。

看不起是第一个阶段，看不懂是第二个阶段，等你很厉害了他发现看不懂，等他看懂了又发现学不会，这是一年前我们同行的焦虑症。

我觉得"小米"很难学的核心是，第一件事情是互联网思维，"小米"是用互联网思维做传统产业，大家本质要学的不是"小米"，是互联网思维，要改变DNA，改变观念，我5年前就开始讲七字绝：专注、极致、口碑、快。

什么叫专注？我以前是发烧友，我用过70多部手机，不是买过70多部，每个手机我都用过一个月以上，我那天回忆的时候，很多的手机型号我都记不住，名字是有英文、有数字，先搞一个英文名、再加个数字、英文，再加数字，真的记不住。作为一个普通的消费者，产品买了都记不住怎么行呢？直到有了iPhone，大家才终于有了自信心，因为记得住型号。

这就是传统产业干的，不专注，每年至少做50个、100个型号，你做这么多的型号老百姓记不住,这个产品刚上市就要下架了,整天胡折腾啊。所以,小米开始做手机以后我坚持这个原则,一年只发布一款,发布一款高端的小米手机,发布一款平价手机,就是千元机——红米。我们没有搞个1、2、3、4、5,专注,因为大的手机公司每年都做50~100款手机,大的电视公司都做100款电视,我们就做一款电视。

有一个主持人曾问我:你们家有比47英寸更大的电视吗?我说我们家没有。他说:你们家什么时候做更大的电视呢?我说抱歉,我不做,没有用户。我们只做47英寸。今天我们在能力不足的时候,我们只服务一个人群,就是"米粉"。

典型的"米粉"是什么?就是典型的20~30岁,理工男,年轻人。我们把客户性描绘出来之后,他们的采购能力是多少,他们的家里有多大,他们的卧室有多大、客厅有多大,咱们算一下,47英寸是他们买的算是非常大的电视了,很多人还跟我说是不是偏大。我说当你看了小米电视,你不会觉得大,因为我们用了超窄边,它相当于原来42英寸的体积,它正好放在原来42英寸的电视柜了,正合适的,因为它是超窄边的,这是我设计产品的想法。

我也不想所有人都用我的产品,我也定位了,我能不能就把"米粉"所需要的弄到极致,而且只弄一个型号,型号多了,你想一想,全国这么多的仓库、备件、维修、库存,最痛苦的是库存,你搞不定。我们只有一款电视,反正全国六大中央仓储,直接发到用户手上,最简单,所以我们追求极其专注。

第二是极致,市场上有很多对我们的批评,没有关系,反正我自己做到了我能力的极致,我愿意承认我的能力不行,但是我不愿意承认我的态度不行,我有追求极致的态度。

第三是口碑,这也是传统行业很难理解的,这怎么让用户能够口口传颂，结果大家又把它庸俗化成口碑营销，或者叫社交媒体营销，但它的本质不是营销。我们认为最好的产品就是营销，产品会说话，很多厂家学小米营销，怎么不学小米做产品的态度呢？最好的产品就是营销，其实你不用做营销，你把产品做好了，每个人都可以帮你传播出去。

第四是反应速度要快。这是我讲过很多次的。

我认为学小米首先要学互联网思维，首先要学的不是小米本身，是小米所代表的，或者说推崇的互联网思维改变传统产业，我觉得你只要懂得互联网思维，你学小米的速度会快很多。因为其他问题都是怎么把硬件做好，怎么把软件做好，怎么把服务做好，我们这个只要有时间、有投资就能够改善。但是你如果不懂互联网思维，你学了半天是不容易学会的。

第十章

小米生态圈，"野蛮生长"之谜

1.小米生态圈的四大板块

小米生态圈分为4大板块,即:软件+创意周边(硬件)+内容+生活。这几个生态圈的内容,又是层层递进、渐进实现的。

所谓软件生态圈, 即小米的MIUI系统+小米应用商店+小米游戏中心。小米的MIUI系统每周更新,这在所有的智能手机系统之中是独一无二的。小米应用商店和苹果的APP Store一样,也是由第三方应用开发商开发的。小米应用商店从2012年6月上线运营到2013年2月,下载量超过5亿次,2013年3月当月即达到了1亿次的应用分发量。

小米游戏中心的情况也很喜人,2013年4月日均下载达100万,网站有1万款精品游戏、全年30款世界顶级游戏首发,2013年有100款左右的精品游戏在小米游戏中心首发。小米生态圈的第一个板块,虽然开始运营也才2年多时间,但是整体上来看取得了非常好的效果。

小米生态圈的第二个板块是由创意周边及相关硬件产品组成的。所谓创意周边最主要的是小米的主题商店。小米主题商店累积下载量已经达到7亿次、日均下载频率450万。在小米主题商店里共有上千套主题资源以及上万种个性搭配，目前小米主题商店是全球最大的手机主题类商店。

小米主题商店之所以这么火，一方面是因为小米手机的用户年轻化，喜欢个性化的主题，另一方面主题的设计者可获得70%的收入分成，开发的积极性十分高涨。小米的主题除了在手机上应用之外，还可以根据主题生产后盖及周边配饰，做成个性化的手机装饰。

除了主题之外，小米官网卖出去最多的产品不是别的，而是小米公司的设计卡通玩偶米兔。2012年，小米共卖出18万只米兔。此外，还有手机能用到的各种配件，如耳机、音箱、电源、移动电源、储存卡、读卡器、路由器，等等。更神奇的是小米官网还卖机器人、遥控飞机、遥控汽车等玩具，当然这些玩具都可以通过小米手机上的程序来控制。

2012年，"小米"光是周边配饰的销售就超过6亿元人民币，这在其他手机公司和电商网站看来是不可想象的。加之一年700多万部小米手机，难怪"小米"敢对外宣称自己是中国排名第4的电子商务网站。

小米生态圈的第三个板块是内容。2013年，"小米"将多看阅读收归旗下，自此多看阅读器从小米手机的普通阅读应用，一下子成了"小米"的核心业务板块。多看阅读与70多家出版社、30多家杂志社签约，共有电子书40万册。目前共有900万注册用户，每天在线阅读的电子书达200万册。多看阅读一直以精品阅读为己任，电子图书的质量有保证，阅读体验可以与Kindle电纸书相比。

多看被收购之后，多看团队还负责了小米盒子的具体设计研发及运营。而之后不久，"小米"又发售了小米电视。手机也好，应用也罢，对消费者来说最重要的是内容。"小米"通过收购多看，拥有了电子书的资源，那么剩下的就是音频内容和视频内容。

而网络视频内容方面，搜狐视频、爱奇艺、优酷土豆、乐视等已经形成了战略垄断，即使在移动互联网方面也是如此，小米就想到了通过小米盒子做网络电视。不过，其在运营过程中受到广电局的限制，小米转而与拥有网络电视执照的公司合作，这种情况下小米还是宁可不挣硬件的钱(仅售399元)发售小米盒子，就是为了能够保证小米生态圈能够获得充分的内容资源。

小米生态圈的最后一个板块，也是最重要的一个板块，就是未来生活，换句话说就是小米的物联网。未来小米手机可以是钥匙、门禁卡、公交卡、信用卡、会员卡、名片，甚至相机、PSP、电视遥控器、家用电器控制终端、自动驾驶设备，等等。只有你想不到，没有手机做不到的。

那个时候你可能会真正离开手机不能生活，但前提是手机让一切变得便捷、安全、可靠。这不仅是雷军或洪峰眼中的小米生态圈，更是所有小米人为之奋斗的梦想。

2.小米进军智能家居

小米正在将"铁人三项"模式延伸到智能家居领域。虽然手机是"小米"当前最主要的硬件，但是"小米"的布局并不局限于此。随着小米盒子、小米电视、小米路由器的陆续推出,"小米"进军智能家居领域的思路日渐清晰。

"小米"为什么要做智能家居？智能家居是家庭生活数据的重要入口,也是一片还处在初级开发阶段的蓝海,"小米"有抢占这一入口的必要性。另一方面,"小米"的"铁人三项"模式已经在手机领域取得成功,相关的成功经验使"小米"进入智能家居领域具备了可行性。

在业务层面,"小米"的"铁人三项"有望产生更加显著的协同效应。从硬件上看,手机、机顶盒、电视、路由器,都成为小米智能家居平台的一个个支柱。可以预见,未来"小米"还可能涉足更多的硬件领域,如游戏机、各种家电、PC和配件、安防设备、智能插座等。从软件上看,MIUI将应用于各种智能家居产品的管理,围绕智能控制的各种应用也有望陆续亮相。互联网服务方面,由于"小米"的布局是以路由器为智能控制的核心,互联网服务自然是开发的重点之一。遥控各种家电、基于大数据提供的家居综合管理方案等,都是可以预见的发展方向。

在战略层面,"小米"的"铁人三项"将有更为广阔的探索空间。传统的家电企业经营模式较为单一,其核心在于销售硬件,软件控制较为简单,互联网服务甚少。"铁人三项"模式下,"小米"可以将互联网思维注入传统家电产品,未来还可能由于产品属性的不同产生更多的理念创新。

当前,"小米"对智能家居的布局方向是,以路由器为智能控制的核心,打造自己专属的智能家居无线传输协议。这个协议也会兼容当前市面上所有的智能家居类的无线传输协议,包括已经上市的绝大部分可以无线连接的家用电器。

下文将介绍"小米"在智能家居领域主要的单品。我们可以看到,不论在战略层面还是业务层面,"小米"的智能家居产品都延续了"铁人三项"模式。这些产品都已经具备很强的市场竞争力。

(1)小米盒子。国内市面上常见的机顶盒大致分为3类:数字电视运营商主导的有线电视机顶盒、电信运营商主导的IPTV机顶盒、互联网企业主导的OTT机顶盒。根据格兰研究数据,截至2013年第三季度,中国机顶盒保有量相比年初增长了4674万台,增长幅度超过20%;其中,OTT机顶盒市场占比由2012年的4.7%上升到15.1%,显示出巨大的增长潜力。

OTT机顶盒的一个重要吸引力来自丰富的节目源。对此,广电总局181号文要求:"互联网电视集成机构所选择合作的互联网电视终端产品,只能唯一连接互联网电视集成平台,终端产品不得有其他访问互联网的通道,不得与网络运营企业的相关管理系统、数据库进行连接。集成机构所选择合作的互联网电视终端产品,只能嵌入一个互联网电视集成平台的地址,终端产品与平台之间是完全绑定的关系,集成平台对终端产品的控制和管理具有唯一性。"简而言之,根据181号文规定,OTT机顶盒的节目内容,只能来自某一家获得牌照的集成平台。

然而,市面上很多山寨OTT机顶盒并没有完全遵照执行。这些山寨OTT机顶盒通过软件加载、卸载的方式登录多个视频网站,或者连接APP应用集成商,后者对不同视频公司的APP下载软件进行集成。借此,山寨OTT机顶盒可以不受某一集成平台的限制,为消费者提供所有平台、网站的视频内容。这是众多山寨OTT机顶盒的重要卖点。

2012年11月,小米盒子首次推出之际,希望走山寨路线。小米盒子接入了华数的集成平台,但华数只是其内容提供方之一,小米还直接与搜狐视频、腾讯视频等互联网视频网站合作,在提供更为丰富的内容的同时，也打了181号文的擦边球。

然而，小米盒子的山寨路线很快被切断了。小米盒子开售600部工程机一周后，突然宣布因为"系统维护"，暂停全部视频服务。此事引起了广泛的讨论。业界人士大都认为，压力来自广电总局的181号文。

小米迅速地做出了调整。2013年1月，小米和CNTV旗下的ICNTV达成协议，双方宣布未来3年展开合作，小米盒子将接入CNTV播控平台，但仍需等待广电的正式批复。

春节之后，广电如期向ICNTV回复批文，正式同意CNTV与小米盒子之间展开合作。至此，小米盒子终于回归正规军的队列。回归正规军后的小米盒子称为"新小米盒子"。

我们认为，小米盒子业务未来的发展，取决于监管的方向和力度。小米盒子的主要竞争对手，不是难以跨入中国大门的Apple TV，也不是同样拥有互联网基因的乐视盒子，而是众多山寨OTT机顶盒。与正规军相比，山寨OTT机顶盒在硬件配置、操作系统甚至产品互联等方面都相差无几，而在节目源、定价等方面却占据极大的优势。目前，山寨品牌已经在OTT机顶盒市场占据主导地位，未来其竞争优势有可能进一步扩大。

(2)小米电视。国内电视市场的规模和竞争格局较为稳定。国内电视机市场每年销量约4000万台，近年来这一规模基本保持稳定。海信、创维、TCL、长虹、康佳等前5大国内品牌合计约占据一半的销量市场份额，而日系、韩系品牌占据高端市场。

2013年，乐视和小米相继进入电视领域，在这一平静的市场掀起了阵阵波澜。

5月，乐视推出60英寸、40英寸两款电视机，采用夏普屏、高通芯片，由富士康代工，CNTV作为集成平台。60英寸电视硬件定价6999元，乐视服务年费490元;40英寸电视硬件定价1999元，乐视服务年费490元。乐视电视的定价引发热议，乐视也成为全球首家正式推出自有品牌电视的互联网公司,标志着互联网模式正式杀入电视领域。9月,小米推出了小米电视,该款47英寸电视也采用高端配置。小米电视定价2999元,不带后续服务年费,这一定价再次震惊市场。10月,或许是为了回应小米电视, 乐视发布50英寸电视S50,2D版硬件定价2499元,乐视服务年费490元;3D版硬件定价2999元,乐视服务年费490元。

2014年1月,乐视推出了一款70英寸电视,硬件定价8999元,乐视服务年费490元(须一次购买2年)。同时,乐视宣布将原有60英寸电视硬件价格下调2000元,降至4999元。

从销量上看,乐视电视和小米电视的市场份额都还很小,乐视电视的销量占有率不到1%,小米电视的销量占有率也在这一水平,但是二者的市场影响力不容置疑。

乐视发布电视,"小米"为什么要跟进?

从竞争策略上看,电视是小米智能家居布局的一个重要组成部分,推出电视的计划早已有之;而乐视推出电视的打法几乎是小米手机高配低价策略的翻版,"小米"有迅速出击的能力,也有必要快速行动以争夺市场的关注度。

从更深层次的战略上看,"小米"和乐视都具备互联网基因,都在抢占互联网的入口,二者的竞争不可避免。可以预见,随着"小米"在智能家居领域的发展,"小米"还将与包括乐视在内的其他互联网公司展开直面竞争。

目前,小米电视业务的发展相对落后于乐视电视。与乐视电视相比,小米电视的配置更高,而定价更低(即使加上购置机顶盒的成本),对用户而言性价比更高。但是,这也意味着小米电视的现金流压力更大。而且,购买乐视电视的用户,将有一部分在第二年之后继续缴纳服务费,而小米电视还缺少能够产生持续现金流的服务。我们认为,现金流是小米电视无法进入正常销售阶段的主要原因。

(3)小米路由器。小米的智能家居规划图中,路由器是智能控制的核心。通常,在家居生活中,用户无论使用台式机、笔记本电脑、手机还是其他智能设备,接入互联网都需要经过路由器。路由器可以完成各种智能家居数据的存储、处理,在未来的智能家居生活中成为主角。

传统的路由器市场只有300亿元的规模,并且利润微薄。但是,如果将路由器定义为智能家居的控制中心,其价值远远不止于此。因此,在积极布局机顶盒和电视的同时,"小米"还在紧锣密鼓地发展路由器业务。

"小米"鼓励网友发掘路由器的新功能,或者提出对新功能的设想。2013年11月,小米路由器公测版发布。2014年4月,小米路由器正式发布。在此期间,小米路由器前后进行了3轮公测。在这个过程中,"小米"根据发烧友的建议,迭代了17个版本,改进了上百个功能点。

3.小米与腾讯:有竞争,更有合作

2011年7月的一天,金山公司的创始人,WPS软件的开发者求伯君正式宣布隐退。这并不是一个意外,至少在"金山"内部看来,走到这一步只是个时间问题。"2号元老",最勤奋、最努力的雷军接手金山,虽说并不是每个人都心甘情愿,但至少在业界眼中,这是众望所归的。

常言道,士别三日当刮目相看,更何况雷军从金山公司的舆论场撤离,到此时已是3年。即便"金山"看上去在移动互联网时代显得进退踟蹰,但求伯君和张旋龙使"金山"成功上市的光环还没有完全消退。虽然,上市融资方面雷军功高一筹,但这个光环多多少少说明雷军曾经的失意。

现在,一切都开始峰回路转。求伯君退休的最后一场晚宴上,闪光灯下,欢声笑语,一派和谐,眼前的雷军,似乎没多少变化。和3年前相比,雷军身上只是多了个更耀眼的身份——拥有卓越网的成功天使投资人,但在一团和气背后,此时的雷军分明已经不是当初的雷军了,举手投足间,有着非同一般的底气,俨然金山英雄的做派。在媒体人的眼中,自信满满的雷军如今这般"阔绰",关键是因为腾讯来了。马化腾出现在了金山大楼内,这一次的晚宴,"金山"创始人们和腾讯的CEO坐在一起。

雷军参加晚宴的背后,是一个听上去像是带着点魔幻现实主义的"狮子和秃鹫"式投资合作。10年前,那时候真正的"狮子",是金山软件。而10年前的马化腾正过着最艰难的日子,在软件巨头主宰一切的时代,他看上去只是个不起眼的,只配接受"残羹冷炙"的角色。在跨国风投巨头IDG准备套现出手腾讯时,他曾经找过金山软件,而求伯君和雷军那时对于即时通讯IM模式基本上是"看不太懂",于是最终放弃了QQ。

10年后腾讯成了真正的互联网霸主,中国市值最大的互联网公司,小角色进化成了业界雄狮。而曾经的狮子——金山软件,即便说瘦死的骆驼比马大,然而体量最大也不过是一只"秃鹫"。"金山"在10年间,尽管开发出了金山毒霸,在互联网的所有边界都有所拓展。但其软件根本WPS,却随着兼容度软件的开发成本降低,逐渐随着微软公司的没落,走向暗淡。现在轮到腾讯入股"金山"了。这一次,求伯君和张旋龙以15.68%的持股比例的优惠条件,让腾讯成为金山软件第一大股东。

尽管有过不少企业和腾讯合作的成功范例,"金山"始终还是对于马化腾并不放心。大约为了平衡腾讯的影响,作为"秃鹫"的求伯君和张旋龙,需要做出妥协。此时,一个既能够在两人退休后代表"金山"的元老势力,又能在董事会上"镇"得住腾讯的人是必需的。在求伯君、张旋龙不下30次的沟通邀请下,雷军终于风光出山。

"我应该是没有参与。"这是雷军对腾讯入股给出的答案。言外之意是,自己成为"金山"的掌门人和腾讯入股之间,没有任何因果关系。自己的上位,只是"金山"内部事务新的开端。

可至少在外界眼中,雷军并非腾讯的陌路人。在腾讯决定进军安全领域前,雷军就联系过马化腾。"3Q大战"后马化腾转而与金山网络合作,联合发布QQ电脑管家与金山毒霸等产品。在腾讯入股这件事情上,雷军既没有肯定也没有否定,由于老股东配售不需要经过董事会,无法干预出售股份给谁。不过雷军依然表示,"感谢他们选择对'金山'有价值的股东来减持"。

事实上,求伯君最后选定雷军,而不是自己的亲信,可能有别的考虑。毕竟,从投资关系看,雷军谈不上和腾讯是"亲密的"合作伙伴。一直以来,作为天使投资人的雷军,就和腾讯"若即若离"。偶尔他的目标公司,还会和腾讯短兵相接,发生公开直接的冲突。雷军先后投资的YY语音、UCWEB等,几乎在各个领域都和腾讯展开激烈竞争。UCWEB创始人俞永福甚至多次公开指责腾讯抄袭。

《计算机世界报》一篇轰动一时的文章中,曾经也拿雷军的两篇微博做文章:"腾讯的强大已经堪比20年前的IBM、10年前的微软了,这是我们尊敬马化腾的原因。我觉得马化腾的模仿创新只要是不违法,也没有关系,微软当初也是这样的。只是,假如腾讯强大的代价是扼杀了产业的创新、破坏了产业的生态链,那么等待腾讯的可能和IBM、微软一样:反垄断法和反不公平竞争法。

"腾讯已经成就了一代霸业,马化腾已经成为这个时代的霸主。但强大如罗马帝国、强大如大秦王朝,都有衰落的一天,这是自然规律。长江后浪推前浪,前浪死在沙滩上,这就是人类社会进步的动力。关键点在腾讯会因为什么原因、会在什么时候衰落,这值得我们大家琢磨!这就是我们创业的机会。"

有人说这是雷军第一次对腾讯的战书,也有人说,这是雷军对腾讯的尖刻而不失公正的批评。但事实是,这是雷军第一次在社交平台上澄清自己和腾讯的真实关系:竞争与合作。

在这篇文章出现不久,雷军的小米科技公司创业团队已初步成型,大概没有人会想到在不到15个月内,小米科技会招募到200人加入。

这一次雷军是要真正地出来创业了,而作为创业者,显然是不可能一开始就具备挑战业界霸权资格的。在求伯君和张旋龙筹划雷军复出的时候,雷军大多数的时间已经不做天使投资,而是集中精力在小米手机上。雷军说:"我40岁前已经干了不少事:卓越网卖了、"金山"上市了、天使投资也不错,但我迷茫了,18岁的理想一直没有实现,觉得心里不踏实,如果输了,这辈子就彻底踏实了。"迷茫中的雷军,其实很大程度上有向腾讯靠拢的倾向,毕竟孤独的创业者,总是需要更多的心理依靠。诉诸权威的垄断法或者寄希望于新陈代谢的规律,就成了雷军的信心之源。

雷军创业正酣,自然对于"金山"的业务的关注也是有限的。在腾讯入股"金山"晚宴的胜利温馨气氛后,雷军向外界透露自己的"小米"不会和金山合并。另外,雷军创业前,在互联网的世界里,已经不是一个简单的参与者了:眼前的互联网世界,早已过了群雄逐鹿的时候,接下来与腾讯正面起冲突的,势必会有在移动互联网已经初步布局的"小米"。

"选好风口,猪都能飞上天。"这是雷军经常说的一句话,雷军显然不是说说而已。在外界仍在揣测"金山"将成为雷军的移动互联网载体之时,却没有想到一年的时间里,雷军已为"小米"进行长线布局,毕竟看似模仿苹果布局的"小米",正如当年腾讯一样,从另一个层面有着超越今日腾讯的巨大机会。

"我确实有不少业务和腾讯竞争,但是在今天的江湖里面,可能每家都要用开放合作的态度来看待市场变化,既竞争又合作是未来所有企业面临的话题。"雷军说。在外界把"小米"和腾讯对立的时刻,谁也没有想到,第一个出来打圆场的正是雷军自己。"作为'金山'董事长,为了保证'金山'立场和利益最大化,该出手时还是会出手",雷军同时指出,如果'金山'业务和他投资的业务有冲突,'金山'拥有独立董事制度保障利益关联,同时将通过信息披露的方式维护股东利益。

2012年,全球移动互联网大会在国家会议中心召开,作为小米科技CEO的雷军坦言,自己最得意的产品之一"米聊",输给微信很正常,但是很骄傲,因为和腾讯竞争不是一件容易的事情。

雷军认为互联网制胜的关键是单点切入,一点点长大,他认为只有这样的业务才能够生存下去,才能做得比较好。而在单点切入的时刻,显然是不适合四面树敌的,雷军总结过自己和对手的经验:"我们在做每一个产品的时候都是先寻找一个有很大用户需求的点,一点点地扩张开来,一点点做这点是大家很重视的。实际上互联网企业都是一点点成长起来的,腾讯、百度这样的企业都是一点点成长起来的。"雷军在台面上强调和腾讯的合作诚意,也是为自己的营销口碑和宣传铺路。在"小米"宣布799元的"红米手机"品牌时,这款手机通过腾讯旗下的QQ空间进行首发,QQ空间是此次红米首发的唯一入口,而从支付到物流,再到售后的全部服务环节都由小米公司完成。

大概正因为雷军在台面上的让步,单点切入的"小米",才能够借腾讯的用户基数优势,得以大张旗鼓地推进。谷歌曾经也进行过纯粹的网络营销,最后却被证明是失败的,而雷军定位千元机的低端市场时,真正的底气优势,其实还是在空间用户的庞大数量积蓄和网络上。尽管外界对于红米手机的利润知之甚少,不过以低端智能机的平均利润率计算,红米带来的利润仍然十分可观。可以说,与腾讯的合作,的确让雷军获得了更大的利益。对于没有自己的制造商、销售和制造分开、完全依靠网络口碑的网络营销来说,最大限度地利用网络渠道,才能获得最好的效果。

在微信成为腾讯新的主打产品后,尽管雷军创制的小米生态产业链和微信的产品之间存在激烈的竞争,甚至在用户上完全是直接的竞争关系,但是因为小米手机的硬件基础,一切看上去又只是枝节问题。小米手机的移动应用,更是抛弃了乔布斯的封闭的应用开发模式,在共同合作开发的基础上,米聊和微信的平台是互相开放的。这一点保证了双方在偶尔刀尖相碰之时仍然能够保证各自的市场份额和用户不发生竞争。

可以想见,未来这种既有竞争,又有合作的关系,还将在雷军和马化腾之间延续下去。在移动互联网的新时代,利益和情感的纠葛也许还将持续下去,而双方的合作和共同分享的互联网精神,也许会走得更远。而这也许才是雷军的本意。作为一个成功的天使投资者,一个怀着硅谷梦想的人来说,竞争是需要的,而合作却更有意义。

4.小米的国际化与想象力

2012年6月,小米公司完成第三轮2.16亿美元融资,作价40亿美元。雷军在接受媒体采访时说,"小米"在5年之内不会上市,投资者同意则投资。对于"小米"40亿美元估值是如何得出的,雷军表示,"小米"是一家互联网公司,互联网公司作价是非常难的,核心是投资者的预期。"投资者投'小米',赌的是'小米'能不能做成百亿美元公司,赌的是我做得到。"之前有投资者认为"小米"只是一家硬件公司,但是雷军认为"小米"具备电商公司的销售额、用户量、物流体系,而且有"赚外快"的机会,即卖配件。

雷军既然说"小米"5年之内不上市,就是说他对"小米"的发展已经有了充分的准备,拟订了战略规划。第一阶段的目标,自然是冲击100亿美元市值。但是这一天来得比雷军预料的早得多,2013年8月"小米"获得第四轮融资,"小米"市值达到100亿美元。

2013年上半年小米共售出703万部手机,上半年营收已经超过2012年全年,达到132.7亿元,同比增长近140%。而在之前的互联网大会上,雷军预计小米2013年营收将达280亿元。

小米第二阶段的目标是什么,雷军并没有在公开场合明确表示过,但是从2013年半年增长了140%来看,雷军的野心显然比这个增长速度要大得多。他的目标是在2015年,实现1000亿元的销售额。

那么,这个增长如何实现呢?

如果不考虑其他渠道的收入,仅仅按卖手机来计算,"小米"一年要销售5000万部手机。2012年中国市场智能手机销量2.24亿部,2013年预计为3.29亿部,中国已经是世界上智能手机销量最大的国家。考虑到人口基数和智能手机使用情况,预计到2015年,最理想的状况中国市场智能手机销量为4亿部,那么"小米"至少要占到12.5%的份额。

从这个角度来看,如果仅仅发展国内市场,那么这个销量目标短期之内很难实现。所以雷军不得不考虑进军全球市场,向国际化突围。"2013年是小米国际化的第一年,我们开始逐步试点,希望全球的'米粉'都支持小米国际化的进步。"雷军说。

另外,2012年全球手机销量17.9亿部,其中智能手机占55%。2012年全球手机销量排名中,三星第一,出货量2.13亿部;苹果第二,出货量是1.94亿部。这两家企业的销量都是在全球市场获得的,不管是韩国还是美国,其本土都不足以支撑这么大的销量。从这个角度来看,即使只是抱着向前辈学习的精神,"小米"也应该走出国门。

由此可见,雷军提出"小米走向世界",不是好大喜功,也不是哗众取宠,而是实实在在的发展需要。那么"小米"具不具备走向世界的条件呢?

小米手机的优势,首先是硬件过硬。最新的小米3采用了全球首发的NVIDIA Tegra4和高通骁龙800最新版8974AB顶级四核处理器,采用超灵敏触控5英寸1080p显示屏,搭载3050mAh锂离子聚合物电池,索尼1300万像素相机,飞利浦双LED闪光灯,标配NFC及双频WiFi,拥有8.1毫米超薄机身。

其次是性价比高,小米3的售价仅为1999元人民币,合328美元,这个价位比起iPhone5(16G)的649美元,三星Galaxy Note3的699美元,有足够的吸引力。当然,光靠质量好和性价比高还不足以实现国际化,"小米"若想国际化还要克服很多不足之处。

第一,小米手机在国内的品牌知名度非常高,但是在国际上就差太远了,人们也只是在这一两年才知道"小米",不用说和三星、苹果比,即使与HTC、华为相比,其国际知名度也差距较大。所以"小米"要想走出去,必须在国际上树立自己的品牌,而这个过程不是一天两天,一年两年就能实现的,若是10年能树立起自己的品牌也足以令"小米"的管理层高兴了。要知道,中国那些走出去的企业,比如收购了IBM的联想,以及在世界市场布局多年的海尔,目前的品牌知名度也远比其他国际品牌低很多。

第二,这两年"小米"发展迅速,由于投资者的青睐,"小米"的市值逐年暴增。除了小米手机的发烧友和1000多万用户,已经有越来越多的人开始关注小米手机,但是大部分人心中,"小米还是抄袭苹果的山寨机"。如何摆脱山寨机的名声,如何靠品质和独特性成为一个独立的品牌,从而可以与苹果、三星在同一个平台上面竞争,这些是"小米"必须解决的问题。

第三,"小米"缺少具有专利的独家技术手段,很难和三星、苹果这样的企业竞争。从苹果和三星的专利诉讼之争来看,专利的重要性自不待言。截至2013年,小米手机申请的专利数量只有300多项,而且多为外观专利,核心技术专利比较缺乏。

由此可见小米手机的国际化不仅仅是将产品销售到国外去那么简单,其国际化应有以下几个方面:

(1)产品的国际化。产品的国际化就是产品符合国际的标准,而且要有区别于苹果iPhone和三星Galaxy的独特特质。

(2)品牌的国际化。"小米"在国内树立了其年轻、个性的品牌文化,但是如果进入国际市场,"小米"将以什么样的品牌定位出现,面对什么样的人群,采取什么样的策略这都是需要认真考虑的问题。

(3)企业文化,企业管理的国际化。联想收购IBM,最大收获不是Thinkpad这个品牌,而是IBM作为跨国公司的经营管理方式;最大的挑战不是如何用产品占领欧美市场,而是如何与跨国公司的高管和雇员共同打造联想团队。从这个角度来说,小米的国际化还没有真正开始面临挑战。

但是必须得说,这5年是最好的时间,小米如果抓住这个机会,实现国际化的发展目标,那么未来小米的起点将更高,发展的前景将更加广阔。

5.小米不做"中国的苹果"

"小米"一经问世,就有很多人说雷军是抄袭苹果。雷军对此很不以为然,"如果那么容易,那么你去抄一个试试?"在他看来"小米"更像亚马逊,他是用互联网的思维、电子商务的模式在做"小米"。

用雷军的话来说,"小米"的"铁人三项"是软件、硬件、移动互联网。但是苹果做iPhone又何尝不是软件、硬件两手抓两手都要硬,所以"小米"与苹果相比最大的不同也是最大的过人之处就是用互联网的思维,做移动互联网时代的产品。

苹果iPhone问世的时候,人们最新接触到的是iPhone惊艳的外形,然后才是它简便易行的操作系统。因为有乔布斯这样的天才,所以iPhone在各个方面均达到了极致和完美,如果从这两个方面来超越苹果确实太难。后起的三星Galaxy虽然在销量和性能上超过了苹果,但是比起iPhone还是少了那种精致的感觉。

实际上,小米发布会之后,在喧嚣散去,一切归于平静时,雷军就又陷入了夜不能寐的状态,就像当初他看完乔布斯的壮举之后的那个晚上一样。只是，这一次他想的是摆在前面的坎坷的道路。雷军知道，目前的小米手机，还不是自己想要的完美的高智能手机，它和苹果还有很大的差距。

因此，他并没有像乔布斯那样，一开始就将改变世界的梦想寄托在"小米"身上。他的小米手机就像它的名字一样低调朴实，以至于负责工业设计的刘德说，小米手机很普通，它要做的是让大多数人不反感，肯接受。

雷军清楚地意识到，中国社会是混阶层，还没有形成中产阶级，并不具备"苹果"那样的生存土壤。乔布斯可以天马行空地沉浸在自己的世界里，而他从决定要做"小米"的那一刻开始，就一直和"米粉"们一起关注大多数人的需求。

这样，雷军不得不将"小米"暂时定位在"发烧友"的狭窄市场上，而且很难迅速扩大市场。小米手机若是不能成功打好第一仗，他所有的努力都将付诸东流，而自己的CSP（芯片尺寸封装）概念也并没有成为焦点，这让他有些焦虑。

一定程度上来说，雷军想像乔布斯一样改变点什么，但是他又不想活在乔布斯的阴影下。小米科技在初创之际就被业界人士解读为"雷军正试图在中国复制一个乔布斯的苹果"，这让他陷入了一种极其矛盾的心情中。

雷军其实选择了和乔布斯截然不同的道路。他说："互联网行业的规律是，击败雅虎的不是另外一个雅虎，是谷歌；击败谷歌的是Facebook。做中国的苹果根本没戏。再看长久一些，你一定会发现小米和苹果走了完全不同的道路。"

但是更多的人还是愿意拿他和乔布斯对比，这是一个无法回避的事情。

"当年乔帮主归来的时候刚好42岁，'小米'亮相的时候你也是

42岁,你觉得自己能成为第二个乔布斯吗？"有人这样问他。

"18岁的时候我就是'乔粉',从来没有奢望过自己能成为乔爷第二,'小米'也绝对成不了'苹果'。因为乔爷是神,是我们顶礼膜拜的偶像,极简完美设计是我们无法企及的高度。虽然我知道差距很大,但是我并没有绝望,还是希望通过每天脚踏实地、一步一步努力,离偶像近一点,再近一点。"雷军说。

一个从没有做过手机的企业,如果一开始就想要超越iPhone,那么一定是不现实的,即使有这样伟大的抱负,也要经过十几年间积淀才能谈得上这个问题。如果完全按着"苹果"的路子走,套用齐白石一句"学我者生,似我者死",一味模仿"苹果",那么"小米"将永远是个二流品牌。

"小米"从创业开始用的就是互联网的思维方式,比如其率先做MIUI系统,采用的是深度优化的安卓系统,但是并没有闭门造车,而是在论坛选出100名粉丝,粉丝们对MIUI系统试用之后提出各种问题和建议,然后"小米"逐渐改进。

通过听取"米粉"的意见,MIUI系统每周更新,不断改进,成为最适合中国人使用的安卓系统。所谓互联网思维方式,就是通过互联网让潜在消费者从产品设计开始就参与到生产的环节中来。这样,"小米"一定不会做出与市场脱节的产品。

"小米"先有了脍炙人口的MIUI系统和开创一时之风气的米聊软件,这才开始做手机,倒是知名度先打了出去。"小米"开始卖手机,又走了一个与苹果完全不同的路子。苹果iPhone销售还是通过专卖店、渠道代理、通讯运营商合作的传统方式,但是小米选择了完全通过电子商务的形式销售。

苹果的市值之所以稳居所有IT及互联网企业第一位,可不仅仅是因为苹果销售iPhone或者iPad等电子产品。而是因为苹果率先开放iPhone的SDK(软件开发工具包)，iOS操作系统搭建的应用平台成了全球软件开发者最喜爱的创业平台。

雷军如果照搬"苹果"的思路，那么"小米"一定会死得很惨。谷歌推出了安卓系统，由于是开源的源代码，所以安卓系统的应用在短时间内在数量上已经超过了iOS系统使用量。可正是因为安卓是开放的软件，其应用软件质量参差不齐，所以谷歌在平台的收益方面确实远远不能与苹果相比。第三方应用开发商肯定更愿意和那些占据市场主导地位，下载量大的应用平台合作。这就形成了好的更好，差的更差的局面。

"小米"作为深度优化的安卓系统，而且创办时间不过两年，和自己的安卓东家竞争尚且竞争不过，更不要说与苹果竞争了。"小米"的应用平台若想另起炉灶，必然难以生存，因此必须利用好现有安卓体系开放源代码的优势，让安卓客户更多地移植到小米应用上来。为此，小米只需要提供应用开发者文档，给予足够支持，就可以实现这个目标。

不过雷军在小米应用商店的规划上却是做了通盘考虑，既然安卓的问题在于质量参差不齐，那么小米应用商店就应当杜绝这类问题。如果客户在小米应用商店下载的应用出现各种安全问题，影响客户体验，客户一定不会认为这是安卓的通病，而会认为这是"小米"的问题。如果努力积攒起来的口碑因为第三方应用而搞砸了，那么就太得不偿失了。所以雷军给小米应用商店定了一个基调，就是"重视应用的质量以及用户体验，不以数量多少论英雄"。

雷军等人经过研究之后，首先在应用软件的发布流程上做文章，制定了小米应用商店采用"提交+自动化测试+安全扫描+人工审核"四步完成，这样就能保证客户从小米应用商店下载的应用都是安全可靠的。

除了考虑应用的安全之外,为了方便用户使用,小米应用商店采用了"推荐+排行"的策略,不断向用户推荐优秀应用。虽然一开始多是在其他安卓平台做好的应用又移植到小米应用商店的比较多,但是随着小米手机的大卖,小米应用商店知名度提高,越来越多的应用选择首先在小米应用平台上线。在手机游戏方面,也是如此,在小米应用平台首发的手机游戏数量也在逐渐增多。

2013年4月15日,雷军说出了这样的话:"从今年开始,小米公司要突破乔布斯定义的智能手机框架进行创新,并透过香港地区和台湾地区试水,正式开始实现在中国做世界市场的梦想。"他认为,作为一个在中国市场上崛起的互联网科技企业,"小米"的发展道路必然不可能照搬"苹果"的模式,必须因地制宜地走出自己的道路。

而且,因为"小米"成长和发展的阶段,正赶上移动互联网浪潮高涨,"小米"自身自然要把握好这个风口上的机会,少走弯路、多做创新,这样才能走出独特的、更适合自己的道路。

6.小米门徒,模仿者也有挑战

"业界对'小米'的看法经历了3个阶段,起初是看不起,后来是看不懂,到现在是赶不上。"小米手机的副总裁,绰号"阿黎"的黎万强如此阐释小米的市场反应过程。

今天,围绕着小米,世界最大的智能机市场格局已发生了剧烈分化。仅以出货量和市场份额、营收规模、利润大小指标而言,"小米"算不得中国智能机市场的第一梯队。中国智能机高端市场利润基本上被苹果和三星瓜分；"小米"在中低端市场，体量上暂时也只是小兄弟，联想和华为毫无悬念地是该市场中大部分智能手机的制造商。

可是，作为第二梯队中的小兄弟，"小米"至少有着3大独门优势，这足够让今天的"小米"掌门人雷军，在竞争激烈的移动互联网终端市场上睥睨群雄。

这3项优势是至今无人超越的：小米门槛、品牌、成长。从正面看，这3项优势是雷军之所以为雷军，"小米"之所以为"小米"的标志。在中国手机发展史上，雷军在这3个方面，都创造了前无古人的纪录：第一个在互联网上卖手机，第一个"发烧"的硬件产品，世界最高速成长的科技公司。然而，从另一面看，在这个被称为手机的世界工厂的国度，每一项优势，同时也就是给了同行和非同行、山寨和模仿、追赶和超越、竞争和学习的最大目标。不论成功失败，"小米"都将成为众矢之的。

当初周鸿祎曾经指责"小米"1999元的低价模式是一种抄袭和不守规则。"小米"的互联网手机，被周说成是对行业内所有厂家的威胁：小米手机的出世，会让本就利润微薄的山寨机境况更加艰难。周鸿祎分析说，"小米"爆出一部手机有几百块钱利润。

雷军为此和周鸿祎大打微博战，可这一次"三小"战争的最大战果，一年后才真正让人们看清楚。甚至黎万强本人也还在云里雾里、自鸣得意之时，他不知道，他和他的合伙人上司雷军，到底给互联网市场带来了怎样一场不亚于火山喷发的冲击。

仿佛一夜之间，雷军那句500万部销量的感叹就成了智能机的盈亏点平衡公式，而小米手机和名不见经传、赶不上潮流的传统手机制造商的距离，也就是一张薄薄的网络而已。最低销量和网络销售模式，这就是其他所有手机终于看得懂、看得到的门槛。

一夜之间,手机设计公司、山寨手机公司、互联网公司、新兴创业公司纷纷涌入互联网手机领域。原来独此一家、别无分店的小米模式,突然开始聚拢大量的跟进者、模仿者。他们像门徒,或者更确切地说是挑战者,沿着原本崎岖的羊肠小道前进。

老牌手机厂商TCL、海尔、夏新纷纷试水智能机,但这只是个开始。另一批,完全和小米同质的,完全以小米模式做手机的品牌浮出水面:青橙手机、小辣椒手机、优米手机、蘑菇云手机、卓普、THL直接以"小米"忠实门徒自居。

在上海郊区的张江高科技园区,青橙手机公司内张贴"我不是苹果,我是青橙"宣传画,办公室内,员工们最主要的工作即是在微博及论坛中和网友们互动。

青橙手机CEO蔡晓农的目标是:"我们希望,今年争取能做到100万部的出货量,明年做到1000万部。"这是一个多么疯狂的数字,小米手机当时计划的次年的预期销量也不过为1000万~1500万部。

蔡晓农推出青橙手机,从面世到销售都被看成是最像小米的手机。和小米手机定位在中高端市场不同,青橙手机用户集中在二、三、四线城市,以年轻人居多。

而一个叫小辣椒手机的官网上,"9月1日第二轮10万部北斗小辣椒手机预售已售罄"字样赫然在列。深圳则有更多的中小手机厂商在摩拳擦掌。学"小米",卖手机,认定电子商务渠道是未来的趋势,这已经成为小米刮起的巨大旋风。

在这众多的后起者中,魅族手机黄章,则看上去更可能在未来让雷军不安。如果就技术的高低水平来看,对技术和细节的痴迷,在体验的敏感和社交网络的营运上,被称为"疯子黄章"的人,更像是一个中国版的乔布斯。在苹果公司横扫中国手机市场,国产手机哀鸿遍野之时,唯独黄章的魅族手机顶住了压力。在苹果自负的产品质量和体验中,魅族几乎全方位地超越了苹果手机,更让人感到惊讶的是,酷似苹果第二的魅族手机,同样的品质,价格只有苹果手机的一半。而之所以一度没有扩张,只是因为黄章更青睐低调的社交网络营销方式。而这个模式,这种生产手机的方式,正如周鸿祎所言,更像是黄章个人的创造。

但遗憾的是,黄章只是个工程师,并没有天使投资人的眼光和策略。一直到今天,毫无疑问的是,在品质设计方面,魅族当然优越于小米,但在营销的渠道方面,黄章依然还在苦苦地追赶,只能向昔日的"学生"雷军学习。

问题是,黄章的挑战和雷军的反差更多地刺激的是一大批创业者的冒险活动。曾经在OPPO做蓝光DVD的刘作虎创立一加科技(One Plus),金立则成为独立品牌IUNI的投资方,来自硬件领域的新冒险家们加入到学习"小米"的模式,建立一个以社会网络渠道为主要模式的"硬件+互联网"生态圈中。

而断言"黄章太土,雷军太笨"的新东方前教师、牛博网的创始人罗永浩,则模仿雷军拉起人马搞出锤子科技。新一批毫无硬件背景的创业者,则更是明目张胆地提出,既然"小米"可以做到,乔布斯不懂程序可以做到,雷军再难追赶,总比乔布斯要容易得多。他们唯一的共同目标就是成为小米,或者从小米的份额中夺取自己的一块蛋糕。

在"小米"的模仿者中,卓普和THL手机采用了线下直营店加线上直销的模式。线下直营店的毛利通常很高,往往是深圳普通手机批发商毛利的5~6倍,开始受到厂商的青睐。这意味着它们可以轻易以低价方式获得更高的毛利率,轻松地夺走2000元以下的智能机市场。

如果套用信息产业数十年来软件和硬件倒逼互动的规律,这些新来的挑战者,对于"小米"来说,很可能是一次严重的威胁。当"小米"依靠出货量增加获得高利润之时,硬件普及的速度也在加快,这刺激供货商的关键产品,比如高通的芯片更新换代和价格的下降。然而随着芯片价格的下降,更廉价的智能机产品增加的速度可能要快于"小米"设计和铺货的速度。在拥有自己的供货商渠道,对电子元件具有议价能力的传统手机制造商面前,小米手机采购渠道,联通、电信的合约机制度,都将成为劣势。

网络渠道和营销成本降低,将不再是"小米"的特权。新来者则已经开始构建自己的互联网生态系统,挑战和围剿"小米","小米"正逐渐失去先发的领跑优势。

当然,"小米"的门徒们要超越"小米",真正的障碍还是存在的。在龙旗副总刘渝龙看来:"'小米'最难复制的就是其营销能力。并不是所有人都具备在互联网上呼风唤雨的能力。""小米"微博营销人员达30多人,都是产品经理出身,每天在微博上和粉丝互动。400多名售后客服和公司的研发团队在一起工作,从不外包,"小米"一整套和粉丝互动的机制已经在互联网中积累了巨大的优势。

"小米"的用户分布和中国互联网的用户分布类似,其中有80%左右用户是男性,20%是女性,在地域上绝大多数"小米"用户集中在沿海发达地区。这些地区的网购习惯已经很成熟,因此带动了"小米"的销量。而传统手机暂时还根本无法直接和网络分布挂钩。

此外,"小米"赶上了技术更替的关口,时间上绝无仅有的机会,早已过去,即便有人可以复制"小米"的做法,在多核手机的时代,也已完全落伍。

最后"小米"和用户互动的资本,更是模仿者难以复制的。雷军曾经指出自己的模式是别人学不会的。其中的秘密在于,正如黎万强所说的那样,"小米"拥有极高忠诚度和黏性的客户:"其他厂商卖出100万部手机，可能只知道5%的用户是谁，但是'小米'的用户活跃度高达百分之六七十。"相比之下，靠价格在网上卖手机很难长远。

"这个市场很大，我们欢迎大家一起进来，用互联网的方式让国产品牌一起做大做强。"黎万强表示。开放的态度，自然是"小米"愿意摆出来的，而这种表面上的开放，无疑更像是对于挑战的从容。毕竟，"小米"的短板，缺乏实体服务支持这一点，雷军也在设法补充，这意味着未来要挑战早已成就大业的"小米"，其难度将再次提高。